IM NAMEN ALLAHS, DES ALLGNÄDIGEN,
DES ALLBARMHERZIGEN

Adapazarı, 2024

© **Copyright Ahmet Tomor**

ISBN
978-605-71004-2-9

Deutsche Übersetzung
Abd al-Hafidh Wentzel

Herausgegeben von
Erkam Yayın San. ve Tic. A.Ş. Druckerei
Tel: +90 212 671 07 00

Bezugsadresse
Tel : +90 264 278 9 278
Gsm: +90 543 278 9 278 (WhatsApp)
info@tomorhoca.com
info@okumayitesvik.com

www.tomorhoca.com

Im Internet können Sie auf die Interviews und Werke von Ahmet Tomor zugreifen.

DER KORAN UND DIE BIBEL

*

AHMET TOMOR

INHALTSVERZEICHNIS

Vorwort 7

Was war ich, was bin ich geworden,
was werde ich sein? 16

Was ist spirituelle Erziehung? 30

Die wahre Religion und das göttliche Buch ... 34

Die Niederschrift des Evangeliums 40

Die Niederschrift des Koran 54

Ein Blick in das neue Testament 67

Ein Blick in den Koran 72

Die Merkmale eines göttlichen
Buches und die Evangelien 79

Das wahre Evangelium und das
heutige neue Testament 89

Wurde Jesus – Friede sei auf ihm –
wirklich gekreuzigt? 99

Was wäre, wenn das echte Evangelium
auftauchen würde? 116

Die Merkmale eines göttlichen
Buches und der Koran 121

Ein Vergleich zwischen dem Koran und
dem neuen Testament....................................126

Der Koran und der Prophet Muhammad
– Segen und Friede Allahs seien auf ihm –...............135

Der Koran wurde nicht von Muhammad geschrieben
–Allah segne ihn und schenke ihm Frieden–.............145

Die spirituellen Merkmale des Koran........................147

Die Islamische Zivilisation...152

Die erste soziale Verpflichtung eines
Islamischen Staates: Die Errichtung einer Moschee..156

Die Menschenrechte und der Islam............................168

Ist der Islam eine Religion des Schwertes –
oder gilt dies für das Christentum?.............................174

VORWORT

Endloser Lobpreis gebührt Allah, dem Herrn der Welten, und Segen und Friede seien auf Seinem ehrwürdigen Propheten Muhammad, der ununterbrochen mit den Worten *„Yā ummatī! Yā ummatī!"*[1] für seine Gemeinde bittet, sowie auf dessen ehrenwerten Gefährten.

Verehrte Leser!

Der ehrwürdige Prophet Muhammad – Segen und Friede seien auf ihm –, der wahrhaftigste Vertreter der Menschenrechte, der jede Art von Diskriminierung aufgrund von Abstammung, Hautfarbe oder Sprache abgeschafft hat, verkündete in seiner Abschiedspredigt:

---

1. *„O meine Gemeinde!"*

„O ihr Menschen! Euer Herr ist Einer, und ihr habt ein und denselben Vater, denn ihr seid allesamt Kinder Ādams. Ādam jedoch wurde aus Lehm erschaffen. Wahrlich, der Beste von euch ist der, der am meisten Gottesfurcht [*taqwā*] besitzt!"

In diesem Teil seiner Abschiedspredigt spricht unser geliebter Prophet – Segen und Friede seien auf ihm – mit den Worten „O ihr Menschen!" die gesamte Menschheit an – unabhängig von ihrer Abstammung, Sprache oder Glaubensüberzeugung; und er zählt vier Bedingungen auf, die allen Menschen ein Leben in Zufriedenheit und Harmonie, ohne Streit oder Kriege, ermöglichen:

1. Euer Herr ist Einer

Unabhängig von Abstammung, Hautfarbe oder Sprache ist unser aller Herr Allah und wir sind allesamt Seine Diener.

Er ist derjenige, der die materielle Welt und alles, was jenseits von ihr existiert, erschaffen und das Gleichgewicht des Universums bestimmt hat, indem Er der Erde, dem Mond, der Sonne, den Sternen und den Galaxien ihre Umlaufbahn verlieh. Es gibt keinen Herrn außer Ihm.

Dies anzuerkennen, gebietet uns sowohl unsere natürliche Veranlagung [*fitra*], als auch der gesunde Menschenverstand.

Sich neben oder anstelle von Allah andere Dinge, wie Menschen, Steine oder Götzenbilder zu Herren zu nehmen, widerspricht unserer natürlichen Veranlagung sowie dem gesunden Menschenverstand, und führt innerhalb der Gesellschaft unweigerlich zu Unruhe, Spaltungen und Spannungen.

2. Ihr habt ein und denselben Vater, denn ihr seid alle Kinder Ādams

Unabhängig von Abstammung, Hautfarbe, Sprache oder Genen ist unser aller Vater der ehrwürdige Ādam, und wir sind allesamt Kinder Ādams – auf ihm sei der Friede.

Da alle Menschen von Ādam abstammen und dessen Kinder die Enkelkinder sind, sind sie alle miteinander verwandte Brüder und Schwestern, so dass – unbesehen aller Unterschiede der Abstammung, Hautfarbe, Sprache und selbst der Glaubensüberzeugung – alle Spannungen und Streitigkeiten unbegründet sind.

3. Ādam jedoch wurde aus Lehm erschaffen

Da unser Vater, der ehrwürdige Ādam – auf ihm sei der Friede – aus den Materialien (Elementen) der Erde erschaffen wurde, bestehen wir alle ursprünglich aus Erde.

Die Erde unter unseren Füßen, die widerspruchslos hinnimmt, dass wir auf ihr herumtrampeln – als solche ein Symbol der Bereitwilligkeit und Demut – ist die wahre Natur des Menschen.

Deshalb widersprechen Verhaltensweisen wie Angeberei, Hochmut, Herabsehen auf andere oder sich über sie lächerlich machen dem Wesen der Erde und damit auch der wahren Natur des Menschen. In der Gesellschaft finden solche Verhaltensweisen keinen Anklang. Darüber sollten wir alle einmal ernsthaft nachdenken!

Der Mensch ist kein unabhängiges Wesen, denn weder wurde unser Eintritt aus dem Nicht-Sein in diese Welt von unserer eigenen Willensentscheidung bestimmt, noch unterliegen unsere Lebensspanne in dieser Welt, die Zeit, der Ort oder die Art und Weise unseres Ablebens unserem eigenen Willen.

Da wir selbst weder über die Elemente bestimmen, aus denen unser physischer Körper besteht, noch die äußeren Rahmenbedingungen unserer Geburt, wie das Zeitalter, das Land oder die Rasse festlegen, stellt sich die Frage: worin besteht der grundlegende Unterschied zwischen einem dunkelhäutiges Kind aus Afrika und einem hellhäutigen aus Europa?

4. Wahrlich, der Beste von euch ist der, der am meisten Gottesfurcht besitzt!

Der Wert eines Menschen hängt aus der Sicht Allahs nicht davon ab, ob ein Mensch aus Asien, Afrika, Europa oder Amerika stammt, oder ob seine Hautfarbe schwarz, weiß, rot oder gelb ist, sondern davon, wie groß seine Gottesfurcht [*taqwā*] ist.

Was ist Gottesfurcht [*taqwā*]?

Das arabische Wort *Taqwā* wird abgeleitet von der Wurzel *taqā*, die 'behüten', 'in acht nehmen'; 'sichern', 'beschirmen' und 'bewahren' bedeutet. Diejenigen, die sich aus Furcht vor Allah gewissenhaft von Sünden fernhalten sowie sorgfältig ihre Gottesdienste verrichten, werden als 'Besitzer von *Taqwā*' oder '*Muttaqīn*' bezeichnet.

Sie sind es, die bei Allah die höchste Wertschätzung genießen und um dessen

Willen er das Paradies erschaffen hat. Allah, der Allerhabene, schaut bei den Menschen nicht auf ihre Abstammung, das Herkunftsland, die Sprache, die sie sprechen, oder die Farbe ihrer Haare, Augen oder Haut, sondern einzig und allein auf die Gottesfurcht in ihren Herzen.

Unser Prophet – Allah segne ihn und schenke ihm Frieden – deutete drei Mal auf sein Herz, während er sagte: „Die Gottesfurcht ist hier! Die Gottesfurcht ist hier! Die Gottesfurcht ist hier!" und betonte damit ausdrücklich, dass der Sitz der Gottesfurcht im Herzen liegt.

Der Besitz von Gottesfurcht ist ein Licht [*nūr*], und ihr Sitz ist das Herz. Wer sich von Sünden fernhält und seine Gebete zur vorgeschriebenen Zeit verrichtet, bei dem vermehrt sich dieses Licht der Gottesfurcht, und er findet innerlich Ruhe und Frieden.

Andernfalls wird das Licht der Gottesfurcht immer schwächer und das

Herz fängt an sich zu verdunkeln. Wenn das Herz eines Menschen sich verfinstert, überwältigen ihn negative Empfindungen wie Stress, Beklommenheit des Herzens und Depressionen.

Begriffe wie 'Sünde' und 'Gottesdienst' können in verschiedenen Zeitaltern, Ländern und Gegenden, entsprechend den jeweiligen Gebräuchen, Sitten und Gewohnheiten, selbst von Person zu Person, unterschiedlich bewertet werden. Allerdings ist dies keinesfalls im Interesse der Menschen, sondern fügt ihnen vielmehr Schaden zu. Deshalb ist es wichtig, die gottesdienstlichen Handlungen, die in Allahs wahrer Religion und in dem 'Göttlichen Buch' vorgeschrieben sind, unbedingt einzuhalten und die darin verbotenen Sünden zu unterlassen.

Verehrte Leser!

Zu jeder Zeit hat es neben der wahren Religion, dem Islam, andere

Glaubensrichtungen gegeben; und so ist dies auch in unserer Zeit der Fall. Mein Anliegen ist es, Ihnen, verehrte Leser, in diesem Buch, entsprechend meinen bescheidenen Fähigkeiten, Allahs wahre Religion und das ihr zugrunde liegende Göttliche Buch in einer Weise nahe zu bringen, darzustellen und zu erklären, die zum Seelenfrieden in dieser Welt und zum Paradies sowie der Gegenwart der ewigen Schönheit Allahs des Allmächtigen im Jenseits führt.

Die Rechtleitung ist von Allah, während uns das Bemühen obliegt – uns allen!

WAS WAR ICH, WAS BIN ICH GEWORDEN, WAS WERDE ICH SEIN?

✱

Unsere Vorfahren pflegten zu sagen: „Sag mir nicht, was ich war oder was ich bin, sondern sag mir was ich sein werde!"

Da jedoch diejenigen, die unfähig sind, Lehren aus ihrer Vergangenheit zu ziehen, wohl kaum in der Lage sein werden, ihre Zukunft zu planen, sollten wir uns erst einmal der Vergangenheit zuwenden, um dann in die Zukunft zu schauen.

Zuerst wollen wir uns also den Fragen „Was war ich?" und „Was bin ich geworden?" zuwenden und uns anschließend mit der Frage „Was werde ich sein?" beschäftigen.

Was war ich?

Bereits lange vor uns existierten in dieser Welt andere 'Reisende'. Zu jener Zeit waren wir nichts anderes als lebloses Erde: Eine Masse von Atomen oder Elementen wie Sauerstoff, Wasserstoff, Stickstoff, Kohlenstoff, Kalium, Kalzium, Natrium, Phosphor, Magnesium und Eisen. Es hätte bis in alle Ewigkeit so bleiben können. Doch der Herr der Welten, Allah der Erhabene, tut in Seiner absoluten Souveränität was immer Er für gut befindet.

Wenn es Ihm zu einem Zeitpunkt gefällt, leblose Atome in lebendige Organismen zu verwandeln, kann Er dies genauso gut umgekehrt tun und aus lebendigen Wesen wieder leblose Elemente machen. Keiner kann sich in Seine Entscheidungen einmischen, denn Er hat weder Seinesgleichen noch Partner! Noch kann irgend jemand außer Ihm die von Ihm bestimmten Naturgesetze ändern oder durch andere ersetzen.

Als wir nichts anderes als eine Masse lebloser Atome auf der trockenen Erde waren, ließ Allah einen gewaltigen Regen auf uns hernieder kommen, und durch die auflösende Kraft des Wassers, der wir nicht widerstehen konnten, wurden wir aufgelöst, bis wir schließlich **Lehm** genannt wurden.

Wir wurden von den Wurzeln der Pflanzen absorbiert und in pflanzliche Zellen umgewandelt, und wir hießen **Getreide**, **Obst** oder **Gemüse**.

Im Verdauungssystem derjenigen, die uns verspeisten, wurden wir, nachdem wir verdaut waren, in fortpflanzungsfähige Zellen verwandelt und hießen **Sperma** oder **Eizelle**.

Nachdem wir uns im Eierstock eingenistet hatten und mit Allahs Erlaubnis befruchtet waren, nannte man uns **Embryo**, und dann, nachdem unsere Organe ausgebildet waren, **Fötus**.

Als wir schließlich fähig waren, unter den auf der Erde herrschenden Bedingungen zu existieren, wurden wir als winzige menschliche Wesen geboren und man nannte uns **Säugling**.

Was bin ich geworden?

Wie sind wir von dem, was wir waren, zu dem geworden, was wir sind, und welche Phasen haben wir dabei durchlaufen?

Laßt uns so weit wie möglich in unserer Erinnerung zurückgehen, um daraus eine Lehre zu ziehen.

Einst waren wir Säuglinge, die weinten und sabberten, gestillt werden wollten und in die Windeln machten. Dann wuchsen wir ein wenig heran und wurden zum süßen Liebling unserer Eltern.

In der materiellen Welt, in der sich alles bewegt und in einem ständigen Prozeß der Veränderung befindet, unterliegen auch wir den in dieser Welt gültigen Gesetzen. So konnten wir nicht für immer die kleinen, süßen Lieblinge unserer Eltern bleiben – und wir sind es auch nicht geblieben.

Eine Zeit lang verbrachten wir mit Spielen und Zur-Schule-Gehen. Wir gingen in die Grundschule, dann in die Mittelstufe und vielleicht schließlich in die Oberstufe und zur Universität, oder direkt in eine Ausbildung und ins praktische Berufsleben.

Zugleich wuchsen wir sowohl körperlich als auch emotional heran. Wir wurden zu körperlich ausgewachsenen, kraftvollen, energetischen und dynamischen Jugendlichen.

O Herr! Wie schnell sind diese Tage vergangen! Gestern noch waren wir die kleinen, süßen Lieblinge unserer Eltern.

Kaum ausgesprochen, sind wir auf einmal schon verlobt und dann verheiratet. Und schon haben wir einen Ehepartner, eine eigene Wohnung und Kinder.

Später erwarben wir eine gewisse Position am Arbeitsplatz und gewannen an Status,

Einfluß und Autorität. Unsere Kreise wurden immer weiter und unser Leben füllte sich mit den unterschiedlichsten Farben. Wir hatten den Gipfel, den Höhepunkt unseres Lebens, erreicht. Dann folgte eine Zeit der Stagnation.

Während die Welt ununterbrochen in Bewegung bleibt und der Marathon unseres Lebens weiter geht, können wir doch nicht für immer auf dem Gipfel bleiben!

Wenn wir zurückblicken, sehen wir ein großes Schild, auf dem steht: „**Umkehren verboten!**" So bleibt uns keine andere Wahl, als vom höchsten Punkt hinab zu steigen und weiter an diesem Marathon, welches unser Leben ist, teilzunehmen.

Wenn wir beim Abstieg vom Gipfel hinabschauen, sehen wir einen gewaltigen Friedhof, auf dem all die, die vor uns hinunter gekommen sind und den Marathon dieses Lebens beendet haben, begraben liegen.

Nach und nach können wir die einzelnen Grabstätten erkennen. Auch wir sind jetzt unten angelangt und sehen den Friedhof direkt vor uns.

Was soll nur werden? Werden auch wir, wenn der Marathon unseres Lebens zu Ende ist, in einem Loch begraben werden?

O Herr! War unser Leben in dieser Welt nichts als eine Illusion? Wird auch unser Körper zu Erde werden?

Aber warum haben wir uns dann so beeilt, den Gipfel zu erreichen? Wozu haben wir uns bis zur Erschöpfung abgehetzt? Wozu haben wir in den Klausuren geschwitzt? Besser gesagt: warum haben wir uns überhaupt darauf eingelassen, an einem Marathon teilzunehmen, dessen Ergebnis von vornherein feststeht?

Was werde ich sein

Auch wenn das Zeitalter sich verändert, auch wenn neue Galaxien entdeckt werden, wenn die Menschheit ihren Fuß auf den Mond gesetzt hat und Computernetzwerke die ganze Welt in ein großes Büro verwandelt haben, geht der Marathon des Menschen – auf seinen Tod zu – unerbittlich weiter, und eines Tages wird der Todesengel Azra'îl kommen und uns unsere Seele nehmen. Dann werden auch wir von unseren Freunden auf dem Friedhof in den Gräbern bestattet werden, die sie für uns ausgesucht haben.

An jenem Tage werden wir begreifen, dass unser weltliches Leben eine Illusion war – so als hätten wir nie gelebt – und unsere Körper werden verwesen und zu Erde werden.

An diesem Punkt stellt sich die Frage: „Wenn ein lebender Organismus, zum Beispiel eine Blume, stirbt, verwest sie ebenfalls und wird zu Erde. Worin besteht dann der Unterschied zwischen einer Blume oder einem Grashalm und einem Menschen?"

Zweifelsohne existieren gewaltige und grundlegende Unterschiede zwischen Mensch und Pflanze, Ameisen, Elefanten oder den Vögeln, die umherfliegen. Denn Allah, der Erhabene, sagt:

{*Wahrlich, Wir haben den Menschen in der vorzüglichsten Gestalt erschaffen*}[2]

Der unter anatomischen und physischen Gesichtspunkten in vorzüglichster Weise erschaffene Mensch ist mit seinem Verstand zu bewusster Wahrnehmung in der Lage und durch seine Seele mit der Ewigkeit verbunden. Er ist in dieser Welt ein Kandidat für die Stellung des Kalifen (Souveräns) sowie in der Welt der Ewigkeit Anwärter auf das Paradies.

Das einzige Wesen, das mit erhobenem Kopf aufrecht auf zwei Beinen läuft, ist der Mensch.

Das einzige Lebewesen, das in der Lage ist, die beste Nahrung auszuwählen, diese zu säubern, zu kochen und dann zu servieren, um sie anschließend im Sitzen mit der Hand

---

2. Qur'ān, 95:4

zum Mund zu führen und zu verspeisen, ist der Mensch.

Darüber hinaus ist der Mensch das einzige Lebewesen, das in der Lage ist, seine Gedanken und Vorstellungen bis ins kleinste Detail in Worten auszudrücken, anderen zuzuhören und von deren Wissen zu profitieren.

Ebenso ist der Mensch als einziger in der Lage, durch die Fähigkeiten des Lesens und Schreibens frühere Erfahrungen zu übernehmen oder zu nutzen, um so Fortschritte auf den Gebieten der wissenschaftlichen Forschung oder der technischen Entwicklung zu erzielen.

Der Mensch, welcher mit so viel umfassenderen materiellen und spirituellen Fähigkeiten ausgestattet ist, wird auf keinen Fall im gleichen Zustand enden wie ein Grashalm, der nach seinem Absterben verwelkt, zur Erde zurückkehrt und dann zu Staub zerfällt.

***

Der Mensch ist das einzige Geschöpf, das gleichzeitig sowohl die materiellen als auch die jenseits des Materiellen liegenden Welten vereinigt in sich birgt.

Der Mensch gehört unter physischen Gesichtspunkten zur materiellen Welt, aus spiritueller Sicht jedoch ist er ein Bestandteil der Welt jenseits des Materiellen. Während sein physischer Körper den gleichen Verfallsprozessen wie eine Blume oder ein Grashalm unterliegt, lebt seine Seele nach seinem Tode fort.

Körperliche Krankheiten, dauerhafte Behinderungen, sowie soziale Spannungen können sich für eine gewisse Zeit mehr oder weniger stark belastend auf die Seele auswirken. Ebenso kann der Tod für die Seele einen gewaltigen Schock darstellen. Nach einer Weile überwindet die Seele jedoch die Schrecken des Todes und gewöhnt sich an ihr neues Leben in der Zwischenwelt [*barzakh*] zwischen Tod und Wiederauferstehung.

Entsprechend dem Glauben und Verhalten eines Menschen in der diesseitigen Welt erwarten seine Seele im Grab entweder Qualen – indem sich das Grab in einen der Abgründe der Hölle verwandelt – oder spirituelle Glückseligkeit und seelische Freuden – indem das Grab zu einem der Gärten des Paradieses wird. In diesem Zustand bleibt die Seele im Grab bis zum Anbruch des Jüngsten Tages.

Seele und Körper

Die wahre und unvergängliche Persönlichkeit des Menschen ruht in seiner Seele. Daher besteht in Hinblick auf die Seele kein Unterschied zwischen einem dynamischen Zwanzigjährigen und einem siebzigjährigen, von Krankheiten geplagten Greis, einem bettlägerigen Gelähmten oder einem im Grabe Verwesenden.

Hingegen könnte ein Zwanzigjähriger seine Aktivitäten nicht mit dem Körper eines

Siebzigjährigen vollbringen, noch kann ein Siebzigjähriger tun, was er als zwanzigjähriger Jüngling zu tun pflegte. Und ebenso kann eine Seele, die sich in der Zwischenwelt des *Barzakh* befindet, während ihr Körper zu Erde verwest, nicht mehr all das tun, was zur Lebzeiten möglich war.

Warum sind wir dann überhaupt in diese Welt gekommen, in der das Leben mit der Geburt beginnt und unausweichlich mit dem Tode endet? Oder, besser gesagt, warum wurden wir hergeschickt? Denn wir sind ja nicht aufgrund unserer eigenen Willensentscheidung hier!

So wie Löwen, die erschaffen wurden, um in großen Wäldern oder weiten Steppen zu leben, unter der Enge leiden, wenn sie in einem kleinen Gehege eingesperrt sind, oder wie sich Wale, die für den Ozean erschaffen wurden, in einem kleinen Becken eingezwängt fühlen, ist dem Menschen, der für das Paradies erschaffen wurde, diese Welt zu eng.

Wenn uns bereits der Mutterleib im Vergleich zu dieser Welt eng und bedrückend scheint, dann ist diese Welt, verglichen mit dem Paradies, ein Ort viel größerer Enge und Bedrücktheit. Doch genau so, wie wir eine gewisse Zeit im Mutterleib verbringen müssen, um physisch heranzureifen, müssen wir – aus der Sicht der Seele betrachtet – eine Zeitlang in dieser Welt verbringen, um unsere spirituelle Erziehung zu durchlaufen und dadurch den uns bestimmten Platz in den Gärten des Paradieses zu erreichen.

WAS IST SPIRITUELLE ERZIEHUNG?
✶

Die Art von Erziehung, deren Ergebnisse in Form von Informationen in unseren Gehirnzellen gespeichert werden, und welche nach dem Hirntod aus der Sicht der Seele ihren Nutzen für den Menschen verliert, kann man als 'materielle Erziehung' bezeichnen.

Die Art Erziehung, die den Menschen in die Lage versetzt, in dieser Welt ein gesundes und friedliches Leben zu führen und die es ihm darüber hinaus ermöglicht, die Rangstufen des Paradieses zu erreichen, wird 'spirituelle Erziehung' genannt.

Die grundlegende Quelle dieser 'spirituellen Erziehung' ist die wahre Religion, ihr Lehrer ist 'der Prophet' und ihr Curriculum ist 'das Göttliche Buch'.

Andere Glaubenssysteme – wie auch immer sie heißen mögen – die nicht dieser Kategorisierung entsprechen und nicht mit der wahren Religion und dem Göttlichen Buch übereinstimmen, sind null und nichtig und aus der Sicht Allahs absolut inakzeptabel.

Von der Frühzeit an sind in jedem Zeitalter die unterschiedlichsten pervertierten Glaubensformen aufgetreten, und die Anhänger dieser verfälschten oder entarteten Glaubensformen haben die Bewohner der Gebiete, die sie kontrollierten, terrorisiert und versucht, die Menschen mit Druck und Gewalt dazu zu zwingen, ihre pervertierten Glaubensformen anzunehmen.

Angesichts der Auseinandersetzung zwischen Wahrheit und Unwahrheit, die eigentlich bereits mit Ādam und Iblīs[3] ihren Anfang nahm und bis zum heutigen Tage auf globaler Ebene weiter geht, stellt sich die Frage, wie Menschen, denen diese verfälschten

---

3. Iblīs ist ein Beiname des Teufels im Qur'ān.

und entarteten Glaubensformen unter der Herrschaft unterdrückerischer Regime aufgezwungen und eingeimpft wurden, den Weg zur wahren Religion finden können.

So, wie auf einer Weide giftige und essbare Pflanzen Seite an Seite wachsen, ist es auch ganz natürlich, dass in dieser Welt, die einem Prüfungssaal für das Jenseits gleicht, Wahrheit und Unwahrheit bunt gemischt nebeneinander existieren.

Während die Tiere auf der Weide, die keinen Verstand besitzen, giftige Pflanzen vermeiden und nur die essbaren fressen, ist es die für seine Zukunft wichtigste Aufgabe des Menschen, der sich mithilfe der Regungen seines Verstandes bewußt sein kann, und ein Kandidat für die unbeschreiblichen, herrlichen Gärten des Paradieses ist, diesen verfälschten und entarteten Glaubensformen zu entkommen und die wahre Religion zu finden.

Dabei kann uns unser Verstand helfen; doch natürlich müssen wir ihn in rechter Weise nutzen. Denn der Verstand gleicht, gepaart mit dem Willen, einem Projektor. So wie ein Projektor sein Licht jeweils in die Richtung wirft, in die er gedreht wird, erhellt der Verstand jeweils das Objekt, auf dessen Erforschung sein Interesse gerichtet wird, und versetzt so den Menschen in die Lage, sich zu einem Experten auf diesem speziellen Gebiet zu entwickeln.

Was jedoch Bereiche betrifft, an denen der Mensch kein Interesse zeigt, kann es ohne weiteres sein, dass seine Kenntnisse gleich Null sind.

DIE WAHRE RELIGION UND DAS GÖTTLICHE BUCH

✱

Das dem Falschen diametral entgegengesetzte Wahre [*haqq*] ist die einzige Wahrheit. Denn Allah, der Erhabene, sagt: {*Was gibt es denn jenseits der Wahrheit außer Irrtum?*}.[4] Andere Glaubenssysteme als die wahre Religion sind – auch wenn sie sich Religion nennen – verfälscht oder entartet; die in Allahs Sicht einzig richtige und gültige Religion ist in der Tat die wahre Religion. Die wahre Religion ist die göttliche Religion und ihre Hauptquelle ist das Göttliche Buch.

Liebe Leser!

Religion ist nicht eine Art Unterhaltung oder ein angenehmer Zeitvertreib, wie die leidenschaftliche Begeisterung für

---

4. Qur'ān, 10:32

bestimmte sportliche Ereignisse. Religion ist eine unabdingbare Notwendigkeit, und die Zukunft des Menschen hängt von ihr ab. Deshalb wollen wir nun die Projektoren unseres Verstandes auf das Göttliche Buch richten und die Merkmale oder Eigenschaften betrachten, die ein solches göttliches Buch besitzen muss!

Die Merkmale eines göttlichen Buches

1. Das Göttliche Buch sollte in keiner Weise im Widerspruch zu dem im Titel erwähnten Wort 'göttlich' stehen, indem es gänzlich Gottes Buch ist und nicht ein einziges Wort enthält, das von einem anderen Wesen als Ihm stammt.

2. Das Göttliche Buch sollte im Original in der Sprache vorliegen, in der es ursprünglich dem verkündenden Propheten offenbart wurde, und dieses Original sollte die Hauptquelle der Religion sein.

3. Das Göttliche Buch sollte in seiner ursprünglichen Form bewahrt sein, d.h. in der Weise, wie Allah selbst die von Ihm offenbarten Worte angeordnet hat. Denn manchmal verkehrt die Veränderung eines Wortes, eines Buchstabens oder nur eines Kommas die Bedeutung eines Satzes in sein Gegenteil. So zum Beispiel in den beiden folgenden Sätzen:

Arbeite und sei nicht faul, wie dein Vater!

Arbeite, und sei nicht faul, wie dein Vater!

Das Göttliche Buch und die Propheten

Die Propheten sind von Allah autorisierte spirituelle Führer, denen das größte Verständnis des Göttlichen Buches, entsprechend der Ausrichtung des göttlichen Willens, sowie die Fähigkeiten, es am vollkommensten umzusetzen und zu erklären, verliehen wurden.

Die Aussagen der Propheten, die sie im Rahmen ihres Prophetentums – neben der

Verkündung des Göttlichen Buches – gemacht haben, werden *Hadīthe* genannt.

Im Allgemeinen sind die *Hadīthe* Erklärungen des Göttlichen Buches, die jedoch von der Ausdrucksweise und vom Satzbau her nicht von Allah, sondern von den Propheten stammen, weswegen nicht ein einziges Wort dieser Aussprüche mit dem Göttlichen Buch vermischt werden darf.

Nachdem wir die wichtigsten Merkmale göttlicher Bücher kurz dargelegt haben, wollen wir uns nun den Quellen der beiden heutzutage wichtigsten und einander am häufigsten im so genannten 'Dialog' gegenüberstehenden Religionen oder Zivilisationen, d.h. Islam und Christentum, nämlich dem Koran und der Bibel, zuwenden und betrachten, wie diese bis in unsere Zeit überliefert wurden und in wie weit sie den oben erwähnten Eigenschaften eines göttlichen Buches genügen.

Ein wichtiger Hinweis

Da ich, der Verfasser dieses Buches, Muslim bin, könnten meine verehrten Leser vorschnell schließen, dass ich – was ja durchaus verständlich wäre – den Koran loben und die Bibel kritisieren werde. Deshalb möchte ich vorab an dieser Stelle an zwei wichtige Glaubensprinzipien des Islam erinnern:

1. Wir glauben an alle Propheten, ohne dabei hinsichtlich ihres Prophetentums irgendeinen Unterschied zwischen ihnen zu machen; und wir glauben ebenso an alle ihnen offenbarten göttlichen Bücher.

2. Während manche fanatischen Christen den ehrwürdigen Propheten Muhammad – Segen und Friede seien auf ihm – und den Koran beleidigen, erwähnen wir Jesus ['Īsā], den ehrwürdigen Sohn von Maria [Maryam] – auf ihnen beiden sei der Friede Gottes –, stets mit Segenswünschen und respektieren das

ihm offenbarte Evangelium [*injīl*] in gleicher Weise wie den Koran.

DIE NIEDERSCHRIFT DES EVANGELIUMS
✶

Der ehrwürdige Jesus – Friede sei mit ihm – gehörte zum Volk der Kinder Israels. Als seine Mutter, die ehrbare Jungfrau Maria [Maryam], ihn gebar, ohne dass er einen Vater hatte, erklärten die Juden, die sich anmaßten, Allahs grenzenlose Schöpferkraft entsprechend ihren Rechtsbegriffen einschränken zu wollen, seine Geburt für illegitim und wollten Jesus und seine tugendhafte Mutter töten.

Dem ehrwürdigen Jesus – Friede sei auf ihm – wurde im Alter von dreißig Jahren das Prophetentum zuteil und Allah offenbarte ihm das Evangelium [*injīl*], bis Er ihn im Alter von dreiunddreißig Jahren zu Sich in den Himmel erhob. Infolgedessen dauerte die kurze Zeitspanne seines Prophetentums nur drei Jahre.

Wegen der erbitterten Feindschaft der Juden war der ehrwürdige Jesus – Friede sei mit ihm – gezwungen, die Religion Allahs im Verborgenen zu predigen und abgesehen von der kleinen Gruppe, die als die 'zwölf Jünger' bekannt sind, folgten innerhalb dieser kurzen, dreijährigen Zeitspanne seines Prophetentums nur sehr wenige Menschen seinem Ruf.

Trotz der äußerst schwierigen Bedingungen versuchte Jesus, Gottes Wort zu predigen und bildete seine zwölf Jünger dazu aus, ihn bei der Verkündigung zu unterstützen. Durch ihr ständiges Zusammensein mit ihm erreichten sie dabei höchste spirituelle Stufen. Nachdem Allah Jesus – auf ihm sei der Friede – zu Sich erhoben hatte, begannen die Jünger, das Christentum – zu jener Zeit die einzige wahre Religion – im Verborgenen in verschiedenen Gebieten zu verbreiten.

Während jedoch Jesus – auf ihm sei der Friede – das gesamte Evangelium auswendig kannte, hatten seine Jünger nur einige Teile davon gelernt. Keiner von ihnen war in der kurzen Zeit in der Lage gewesen, das gesamte Evangelium auswendig zu lernen. Zu dem Zeitpunkt, als sie auseinander gingen und sich in die verschiedenen Länder der Welt aufmachten, besaß auch keiner von ihnen eine Abschrift des Evangeliums, die er als Quelle seiner Verkündigung hätte nutzen können.

Wegen der grausamen Unterdrückung durch den römischen Staat verkündeten die Jünger das Christentum zumeist im Verborgenen und hielten ihre Zusammenkünfte oft in dunklen Katakomben oder Höhlen ab.

Während ihrer Versammlungen sprachen sie bewundernd über den Propheten Jesus – auf ihm sei der Friede –, erzählten aus ihrer Erinnerung Beispiele und Gleichnisse, rezitierten Teile des Evangeliums und ermutigten die Menschen mit ihrem Rat.

Diejenigen, die an den Versammlungen der Jünger teilgenommen hatten und lesen und schreiben konnten, begannen das, was sie von den Jüngern gehört hatten, in mehr oder weniger unsystematischer Weise niederzuschreiben und bezeichneten diese Niederschriften später als 'Evangelien'.

Aufgrund der Tatsache, dass die Schreiber sich in ihrem Verständnis und ihren literarischen Fähigkeiten unterschieden, gab es bald eine ganze Reihe solcher Evangelien, die voneinander abwichen oder sogar im Widerspruch zueinander standen.

Diese Entwicklung setzte sich in den darauf folgenden Generationen fort, deren Schreiber die von ihren Vorgängern mit Schilfrohr-Federn auf Tierhäuten niedergeschriebenen, ungeordneten Manuskripte editierten. Auf diese Weise entstanden hunderte unterschiedlicher Bücher voller Unstimmigkeiten und Widersprüche, gefüllt mit Geschichten und Legenden, die jedoch alle als 'Evangelien' bezeichnet wurden.

Die gläubigen Christen waren ratlos. Auf der einen Seite sahen sie sich der erbitterten Feindschaft eines gewaltigen Staates, des Römischen Imperiums, gegenüber, auf der anderen Seite gab es eine Vielzahl unterschiedlicher, einander widersprechender Evangelien, die alle für sich beanspruchten, die 'Heilige Schrift' zu haben. Hinzu kam, dass jeder Geistliche behauptete, das von ihm anerkannte und vertretene Buch sei das einzig wahre Evangelium Christi.

Im Jahr 323 christlicher Zeitrechnung verbreitete sich im Römischen Reich eine Nachricht, die wie eine Bombe einschlug: Konstantin der Große war zum Christentum übergetreten. Die Menschen trauten ihren Ohren nicht. Der Alleinherrscher dieses gewaltigen Imperiums, der bis dahin ein gnadenloser Gegner des Christentums gewesen war, hatte sich angeblich zum christlichen Glauben bekehrt.

Die Nachricht erwies sich als wahr. Als erstes wurde die Unterdrückung der Christen beendet und nach einiger Zeit wurde das Christentum sogar zur römischen Staatsreligion.

Die Verwirrung durch die verschiedenen unterschiedlichen Evangelien blieb jedoch weiterhin bestehen und alle Augen und Ohren richteten sich nun auf Konstantin. Die Christen glaubten, dass er der einzige sei, der mit einem Machtwort dieses Problem würde lösen können. Denn nicht zuletzt war er, der absolute Herrscher jener Tage, derjenige gewesen, der dort, wo vorher ein kleines Dorf stand, eine gewaltige Stadt auf sieben Hügeln mit unüberwindlichen Stadtmauern errichtet hatte, die nun den Namen 'Konstantinopel' trug. Er war es gewesen, der dort das größte Gotteshaus jener Zeit, die *Hagia Sofia*, hatte erbauen lassen.

Im Jahr 325 berief Konstantin der Große das Konzil von Nicäa[5] ein, zu dem er mehr als 300 Bischöfe und Priester einlud. Diese Geistlichen, die aus den verschiedenen Provinzen des Römischen Reiches kamen, sollten das Problem der Unstimmigkeiten zwischen den Hunderten verschiedener Evangelien lösen und sich auf einen Text einigen, der fortan als die wahre Heilige Schrift und verbindliche Quelle des christlichen Glaubens gelten sollte, sowie alle anderen Schriften verwerfen und unter Strafandrohung verbieten.

Dies war Konstantins Ziel – doch es war längst zu spät. Jesus – Friede sei mit ihm – war bereits über 290 Jahre zuvor in den Himmel erhoben worden und auch seine Jünger waren längst verstorben. Vieles war in der Zwischenzeit geschehen, Generationen waren gekommen und gegangen und es gab mittlerweile 'Evangelien' in Hülle und Fülle.

---

5. Nicäa ist die heutige Stadt Iznik in der Türkei.

Darüber hinaus existierte ein weiteres Problem, dessen sich Konstantin der Große offenbar nicht bewußt war. Bis zu dem Zeitpunkt, an dem er das Christentum angenommen hatte, waren innerhalb des Herrschaftsgebietes der Römischen Imperatoren alle religiösen Aktivitäten der Christen aufs Strengste verboten gewesen. Aus diesem Grunde hatte es auch weder offizielle noch private Einrichtungen zur Ausbildung von Priestern gegeben.

Die Geistlichen, die zum Konzil nach Nicäa kamen, waren demzufolge größtenteils weder autorisiert, noch hatten sie irgendeine fest umrissene und auf gesicherten Quellen fußende formelle religiöse Ausbildung genossen. Es waren überwiegend unzureichend qualifizierte Personen, die nur ein bestimmtes Evangelium studiert hatten und dieses nun als das wahre Wort Gottes zu verteidigen trachteten.

Der Ausgang des Konzils stand von Anfang an fest. Zuerst würde es einige Diskussionen geben und jeder der Bischöfe und Priester würde sein Evangelium verteidigen. Und dann?...

Natürlich würde sich das Evangelium der vom römischen Imperator Konstantin favorisierten Bischöfe – eventuell auch mehrere Evangelien, die deren Linie entsprachen – durchsetzen und als Gottes Wort anerkannt werden; und somit hätte die Uneinigkeit endlich ein Ende.

Konstantin beschwor damit eine fatale Fehlentscheidung herauf, deren Auswirkungen bis zum Jüngsten Tage reichen werden. Doch er hatte keine andere Wahl als dieses riskante Glücksspiel einzugehen. Unglücklicherweise machte sich seine Risikobereitschaft nicht bezahlt, so dass letztendlich alle ihren Einsatz verloren.

Nach langem erbittertem Disput gewannen schließlich die von Konstantin favorisierten Geistlichen die Oberhand, und die von Matthäus, Markus, Lukas und Johannes verfaßten Evangelien wurden zu 'wahren Evangelien' erklärt. Dem wurden die angeblich von Lukas stammende 'Apostelgeschichte' sowie eine Reihe weiterer 'Apostelbriefe' anderer Verfasser hinzugefügt. Außerdem wurde beschlossen, dass sämtliche anderen Schriften verboten und vernichtet werden sollten.

Diese Entscheidung war jedoch keinesfalls einstimmig oder unumstritten. Diejenigen, die sich zu widersetzen wagten, versuchte man unter Androhung der Exkommunikation zum Schweigen zu bringen. So wurde dem Bischof Arius, der sich gegen die Entscheidung des Konzils aussprach, zuerst mit Exkommunikation und dann mit dem Tode gedroht. Als er daraufhin nach Ägypten floh, wurde er dort ausfindig gemacht und später umgebracht.

Doch Konstantins mit eiserner Faust durchgesetzter Befehl konnte weder die Verwirrung um die Evangelien beenden noch das Gewissen der Christen selbst beruhigen.

Nach Konstantins Tod lebte die Uneinigkeit und die Verwirrung bezüglich der Evangelien erneut auf, und im Jahre 364 wurde in Laodikeia[6] ein zweites Konzil abgehalten. Diese Versammlung beschloß einige Änderungen und ließ diese öffentlich bekannt machen, ohne jedoch die Probleme wirklich lösen zu können. Daraufhin wurde im Jahr 387 in Karthago ein weiteres Konzil einberufen.

Bei einem göttlichen Buch darf nicht einmal ein Komma verändert werden. Dennoch wurden die ständigen Veränderungen am

---

[6]. Laodikeia am Lykos in der Nähe des heutigen Denizli in der Türkei.

Neuen Testament zu verschiedenen Zeiten von Konzilen in Istanbul, Izmir, Aydin Ephesus und Chalcedon[7] fortgesetzt.

Eine Ausführung, die meinem Herzen entspringt

Während ich den hier vorliegenden Versuch unternahm, die historischen Fakten bezüglich der Niederschrift des Neuen Testaments zu erklären, überkam mich beim Gedanken an das wahre Evangelium und den wahren Propheten Jesus – auf ihm sei der Friede – ein Gefühl großer Trauer und Bedrücktheit. Ich mußte an Konstantin den Großen denken. Als er zum Christentum konvertierte, wurde er mit der Tatsache konfrontiert, dass es Hunderte von Evangelien gab, die miteinander unvereinbar und voller Widersprüche waren. Sicherlich war er darüber noch viel bedrückter als ich und lud deshalb die Bischöfe und Priester ein, um dieses Problem zu lösen. Es

---

7. Chalcedon ist heute unter dem Namen Kadikoy ein Stadtteil Istanbuls.

gelang ihm dadurch, die Zahl der Evangelien auf vier zu reduzieren, doch er konnte der Verwirrung letztendlich kein Ende machen. Er war dazu einfach nicht in der Lage.

Manche fanatischen Christen, die die Frage „Warum gibt es vier Evangelien?" nicht beantworten können, versuchen die Tatsache, dass es mehrere Evangelien gibt, zu vertuschen und leugnen, dass überhaupt ein Konzil von Nicäa stattgefunden hat. Ihnen rate ich, einmal den Anfang des Lukas-Evangeliums zu lesen, in dem es heißt:

„Hochedler Theopilus! Da es nun schon viele unternommen haben, einen Bericht von den Ereignissen zu verfassen, die sich unter uns zugetragen haben..."[8]

Ja, nach Lukas' Kenntnis hatten bereits viele es unternommen, Berichte zu verfassen – und was ist erst mit denen, von denen Lukas keine Kenntnis hatte?

---

8. Lukas-Evangelium 1,1.

In dem Nachschlagewerk *The Encyclopedia of Religion and Ethics* heißt es:

„Jesus hinterließ weder schriftliche Aufzeichnungen noch hatte er seinen Schülern befohlen, etwas niederzuschreiben."[9]

Es existieren bis heute keinerlei Beweise, dass die unter den Namen Matthäus, Markus, Lukas und Johannes bekannten Verfasser die tatsächlichen Urheber der ihnen zugeschriebenen Evangelien sind. Die ursprüngliche Sprache des Evangeliums war das Hebräische, jedoch ist bis jetzt keines der diesen vier Evangelien zugrunde liegenden hebräischen Manuskripte aufgetaucht; ebenso sind die Namen ihrer Übersetzer ins Griechische und Lateinische unbekannt.

---

9. James Hastings, *The Encyclopedia of Religion and Ethics*; Bd. 2, S. 582.

DIE NIEDERSCHRIFT DES KORAN
*

Muhammad, der letzte Prophet – Allah segne ihn und schenke ihm Frieden – wurde in Mekka geboren. Als er vierzig Jahre alt war, wurde ihm das Prophetentum verliehen. Danach lebte er dreizehn Jahre in Mekka und zehn Jahre in Medina, so dass sein Prophetentum über einen Zeitraum von dreiundzwanzig Jahren andauerte.

Die ersten Verse des Koran, des letzten göttlichen Buches, wurden ihm auf dem 'Berg des Lichts' [jabal al-nūr] offenbart. Nach dreiundzwanzig Jahren endete die Offenbarung des Koran.

Da der Koran das letzte göttliche Buch ist, sollte es nicht verwundern, dass sich seine Eigenschaften von denen früherer Bücher unterscheiden. Eine dieser speziellen

Eigenschaften besteht darin, dass der Koran unter dem besonderen Schutz Allahs steht. Allah sagt diesbezüglich:

{*Wahrlich, Wir haben die Ermahnung offenbart und wahrlich, Wir werden ihr Hüter sein!*}[10]

Weil der Koran unter göttlichem Schutz steht, wird er nicht verfälscht werden, keines seiner Worte wird verändert werden, und er wird bis zum Jüngsten Tage in der Sprache, in der er dem Propheten Muhammad – Segen und Friede seien auf ihm – offenbart wurde, in seiner ursprünglichen Form fortbestehen und Gültigkeit besitzen.

Die Feindseligkeiten gegen den Koran, die schon mit Abū Jahl[11] ihren Anfang nahmen, haben sich zu manchen Zeiten bis hin zu Staatsterror ausgeweitet. Dennoch

---

10. Qur'ān, 15:9
11. 'Amr Abū al-Hakam, genannt *Abū Jahl* [Vater der Unwissenheit], war ein Stammesführer der *Quraysch* und ein erbitterter Feind des Islam.

war niemand in der Lage, auch nur ein Wort des Koran zu ändern, wie wir nachfolgend aufzeigen werden. Während die Feinde des Koran unter der Erde verwesen, steht der Koran kerzengerade da, wie vor über 1400 Jahren.

Eine weitere Eigenart des Koran besteht darin, dass dieser – im Gegensatz zu früheren göttlichen Büchern, die ihren Verkündern in einem Stück offenbart wurden – dem Propheten über einen Zeitraum von dreiundzwanzig Jahren verteilt, in Einzelteilen, das heißt, in Form von kurzen Suren sowie einzelnen Versen [*āya*], offenbart wurde.

Diese Offenbarungen ließ der Prophet Muhammad – Segen und Friede seien auf ihm – innerhalb kurzer Zeit von den Schreibern der Offenbarung festhalten, während er sie denen, die um ihn waren, Vers für Vers, Wort für Wort, vortrug, wobei er im Allgemeinen jeden Vers drei Mal wiederholte.

Diejenigen, welche die neu offenbarten Verse vom Propheten gehört hatten, verbreiteten das, was sie soeben gelernt hatten, weiter und überbrachten denen, die nicht dabei gewesen waren, die Botschaft.

Die des Lesens und Schreibens Kundigen lernten die neu offenbarten Verse von ihren Niederschriften auswendig, während die Analphabeten sie durch Zuhören lernten.

Die Offenbarung des Koran in kurzen Abschnitten wie Versen und Suren über einen langen Zeitraum von dreiundzwanzig Jahren stellte sicher, dass jeder Vers niedergeschrieben, auswendig gelernt, verstanden und im täglichen Leben praktisch angewandt wurde. Auf diese Weise wurde das Leben der Muslime Schritt für Schritt der Botschaft und den Lehren des Koran angepaßt.

Auch ein Vergessen der Verse des Koran war unmöglich, da diese durch Rezitation während der fünf täglichen Gebete ständig wiederholt wurden. So wurde der Koran zu einem festen Bestandteil des täglichen Lebens der Muslime. Alle Bereiche ihres individuellen und gesellschaftlichen Lebens, selbst die Art und Weise wie sie aßen, tranken, heirateten und ihre Erbschaftsangelegenheiten regelten, richteten sich nach dem Koran. Sogar die Kinder, die auf der Straße spielten, ermahnten ihre Spielkameraden, wenn diese ungezogen waren, mit den Versen des Koran.

Der Prophet Muhammad – Allah segne ihn und schenke ihm Frieden – praktizierte den Koran in seinem täglichen Leben, ließ ihn niederschreiben und Wort für Wort auswendig lernen. Er verkündete dessen Botschaft durch die tägliche Rezitation am Morgen-, Abend und Nachtgebet, im Freitagsgottesdienst und den Festtagsgebeten. In seiner Abschiedspredigt auf der Pilgerfahrt rief er seine Gefährten zu Zeugen auf, indem er sie dreimal fragte: „Habe ich die Botschaft überbracht?" worauf die Gefährten mit „Ja, das hast du, O Gesandter

Allahs!" antworteten. Da hob er seine Hände zum Himmel und rief: „Sei Du Zeuge, O mein Herr!"

Nachdem er von der Pilgerfahrt zurückgekehrt war, erkrankte unser geliebter Prophet – auf ihm seien Segen und Friede – und im Monat *Rabi' al-Awwal* des folgenden Jahres ging er hinüber in die jenseitige Welt.

Nachdem der letzte Prophet diese vergängliche Welt verlassen hatte und in die jenseitige Welt eingegangen war, endete das Zeitalter des Prophetentums auf dieser Erde und das Zeitalter der Prophetengefährten und ihrer Nachfolger brach an. Ihre Aufgabe bestand darin, das islamische Staatswesen zu erhalten und den kommenden Generationen die Botschaft des Koran und der *Sunna*[12] zu vermitteln.

---

12. Mit *Sunna* bezeichnet man das beispielhafte Verhalten des Propheten Muhammad – Allah segne ihn und schenke ihm Frieden –, das neben dem Qur'ān als Richtschnur für die Lebensführung der Muslime gilt.

Zu Lebzeiten des Propheten Muhammad -Segen und Friede seien auf ihm- als die Offenbarung andauerte, wurde der vollständige Koran nicht als Buch zusammengeführt.

Als während des Kalifats des Abū Bakr – möge Allah mit ihm zufrieden sein – im Verlauf der Schlacht von *Yamāma* siebzig jener Prophetengefährten umkamen, die den gesamten Koran auswendig kannten, zeigte sich 'Umar – möge Allah mit ihm zufrieden sein – sehr besorgt über die Zukunft des Koran. Auch wenn zu diesem Zeitpunkt kein direkter Anlaß für solche Befürchtungen bestand, weil es noch immer Tausende von Prophetengefährten gab, die den Koran ganz oder teilweise auswendig kannten oder gar zu den Schreibern der Offenbarung zählten, stellte sich die Frage, was nach deren Tod geschehen würde. Dies war, was 'Umar – möge Allah mit ihm zufrieden sein – Sorgen bereitete. Denn auch sie würden diese Welt verlassen.

'Umar suchte den Kalifen Abū Bakr – möge Allah mit ihnen beiden zufrieden sein – auf, teilte ihm seine Sorge mit und betonte dabei, dass er es für dringend notwendig hielt, die Verse und Suren des Koran in der richtigen Reihenfolge vollständig in Form eines Buches zu sammeln, solange noch Tausende von Prophetengefährten lebten, die den Koran ganz oder teilweise auswendig kannten und die Schreiber der Offenbarung noch unter ihnen weilten.

Der ehrwürdige Abū Bakr teilte 'Umars Sorge. Auch er hielt es für zu riskant, diese Aufgabe späteren Generationen zu überlassen. Auch fürchtete er, als der für die Gemeinschaft Verantwortliche von Allah zur Rechenschaft gezogen zu werden, wenn er in dieser Situation nicht handelte. So rief er, nachdem er sich mit einigen der Prophetengefährten beraten hatte, eine Kommission zusammen und bat Zayd ibn Thābit – möge Allah mit ihm zufrieden sein – diese zu leiten.

Wer war Zayd ibn Thābit?

Zayd ibn Thābit war einer derer, die den gesamten Koran am besten auswendig kannten und zählte zu den vom Propheten selbst beauftragten Schreibern der Offenbarung. Er gehörte zu den Helfern [*ansār*], jenen Bewohnern von Medina, die einst dem Propheten mit ihrem Treueeid ihre Unterstützung zugesagt hatten. Zayd war, bereits vor der Auswanderung [*hijra*] des Propheten, im Alter von elf Jahren auf Einladung von Musʿab ibn ʿUmayr zum Islam konvertiert. Danach war er stets an Musʿabs Seite geblieben, hatte die Verse des Koran, die er von ihm hörte, auswendig gelernt und diese anschließend den Kindern von Medina gelehrt.

Nach der *Hijra* wurde Zayd, da er eine sehr schöne Handschrift hatte, zum Schreiber des Propheten – Allahs Segen und Friede seien auf ihm –, wobei er nicht nur die Offenbarung niederschrieb, sondern auch die offizielle

Korrespondenz des Propheten führte. Denn nachdem der islamische Staat politisch an Bedeutung gewonnen hatte und von mehreren anderen Staaten anerkannt worden war, erhielt der Prophet – Allah segne ihn und schenke ihm Frieden – Briefe von Staatsmännern, die ins Arabische übersetzt und beantwortet werden mußten. Deshalb bat der Prophet – auf ihm seien Segen und Friede – Zayd, der über ein hervorragendes Gedächtnis verfügte, Hebräisch und Alt-Syrisch[13] zu lernen. Zayd sah es als eine heilige Pflicht an, dieser Bitte des Propheten nachzukommen, und lernte beide Sprachen innerhalb kurzer Zeit so gut, dass er sie lesen und schreiben konnte wie seine Muttersprache.

---

13. Das Alt-Syrische, auch Syriakisch, ist ein aramäischer Dialekt.

Die Kommission

Die von Zayd ibn Thābit geleitete Kommission nahm ihre Tätigkeit entsprechend den Direktiven des Kalifen auf. Diese besagten:

1. Die Arbeit der Kommission soll öffentlich sein und jedem, der ihrer Tätigkeit beizuwohnen wünscht, soll dazu Gelegenheit gegeben werden.

2. Kein Koranvers, den nur eine Person auswendig weiß, soll niedergeschrieben werden, ohne dass er schriftlich belegt wäre.

3. Nicht jede Niederschrift eines Verses soll akzeptiert werden, sondern nur die Niederschrift, für die es mindestens zwei Zeugen gibt, die bestätigen, dass dieser Vers vom Propheten in ihrer Gegenwart zur Niederschrift diktiert wurde. Darüber hinaus müssen die Verse von jenen, die den Koran auswendig kennen, bestätigt werden.

4. Die Suren sollen in der vom Propheten übermittelten Reihenfolge und

nicht entsprechend der zeitlichen Abfolge ihrer Offenbarung niedergeschrieben werden.

Nach langer und minutiöser Arbeit beendete die Kommission ihre spirituell höchst verantwortungsvolle Tätigkeit und die Kompilation des Koran, des letzten Göttlichen Buches, war abgeschlossen. Die Seiten wurden gebunden und den Prophetengefährten zur Prüfung vorgelegt. Nachdem es wieder und wieder gelesen, geprüft und schließlich einstimmig von Tausenden von Prophetengefährten bestätigt worden war, wurde dieses Buch als 'Urschrift des Koran' [*umm al-mushaf*] akzeptiert und von Abū Bakr in seiner Eigenschaft als Kalif in Empfang genommen und verwahrt.

Die Zeit der Herrschaft des dritten Kalifen 'Uthmān ibn 'Affān – möge Allah mit ihm zufrieden sein – war für das islamische Reich eine Periode großer Expansion. Der an der Eroberung Aserbaidschans und Armeniens maßgeblich beteiligte Prophetengefährte

Hudhayfa sprach nach seiner Rückkehr nach Medina den Kalifen 'Uthmān an und sagte:

„Ich schlage vor, Kopien der Urschrift des Koran anzufertigen und diese in die weit von Medina entfernten Zentren des Islam, die keinen Zugang zu der Urschrift haben, zu senden, so dass diejenigen, die dort neu zum Islam konvertiert sind, ebenfalls davon profitieren können."

Daraufhin berief 'Uthmān erneut eine Kommission unter Leitung von Zayd ibn Thābit – möge Allah mit ihnen beiden zufrieden sein – ein, welche wortgetreue Abschriften des Originals anfertigte, die 'Uthmān dann in die Hauptstädte der verschiedenen Provinzen sandte.

EIN BLICK IN DAS NEUE TESTAMENT
✱

Das Evangelium, beziehungsweise das Neue Testament unserer Tage, besteht aus siebenundzwanzig Abschnitten verschiedener Autoren. Wir wollen einmal einen Blick auf den Anfang einiger dieser Abschnitte werfen:

Matthäus, 1:1-2; Der Stammbaum Jesu

Buch des Ursprungs Jesu Christi, des Sohnes Davids, des Sohnes Abrahams. Abraham zeugte Isaak, Isaak aber zeugte Jakob, Jakob aber zeugte Juda und seine Brüder.

Markus,1:1-2

Anfang des Evangeliums Jesu Christi, des Sohnes Gottes; wie in dem Propheten Jesaja geschrieben steht: „Siehe, ich sende meinen Boten vor deinem Angesicht her, der deinen Weg bereiten wird."

Lukas, 1:1-2

Hochedler Theophilus! Da es nun schon viele unternommen haben, einen Bericht von den Ereignissen zu verfassen, die sich unter uns zugetragen haben, wie sie uns die überliefert haben, die von Anfang an Augenzeugen und Diener des Wortes gewesen sind...

Johannes, 1:1-2

Im Anfang war das Wort, und das Wort war bei Gott, und das Wort war Gott. Dieses war im Anfang bei Gott.

Apostelgeschichte, 1:1-2

Den ersten Bericht habe ich verfasst, Theophilus, von allem, was Jesus angefangen hat, zu tun und auch zu lehren, bis zu dem Tag, an dem er in den Himmel aufgenommen wurde, nachdem er den Aposteln, die er sich auserwählt, durch den Heiligen Geist Befehl gegeben hatte.

Römerbrief, 1:1-2

Paulus, Knecht Christi Jesu, berufener Apostel, ausgesondert für das Evangelium Gottes, das er durch seine Propheten in heiligen Schriften vorher verheißen hat.

2. Korintherbrief, 1:1-2

Paulus, Apostel Christi Jesu durch Gottes Willen, und Timotheus, der Bruder, der Gemeinde Gottes, die in Korinth ist, samt allen Heiligen, die in ganz Achaja sind: Gnade euch und Friede von Gott, unserem Vater, und dem Herrn Jesus Christus!

Kolosserbrief, 1:1-2

Paulus, Apostel Christi Jesu durch Gottes Willen, und Timotheus, der Bruder, den heiligen und gläubigen Brüdern in Christus zu Kolossä: Gnade euch und Friede von Gott, unserem Vater!

2. Thessalonicherbrief, 1:1-2

Paulus und Silvanus und Timotheus der Gemeinde der Thessalonicher in Gott, unserem Vater, und dem Herrn Jesus Christus: Gnade euch und Friede von Gott, dem Vater, und dem Herrn Jesus Christus!

1. Petrusbrief, 1:1-2

Petrus, Apostel Jesu Christi, den Fremdlingen von der Zerstreuung von Pontus, Galatien, Kappadozien, Asien und Bithynien, die auserwählt sind nach Vorkenntnis Gottes, des Vaters, in der Heiligung des Geistes zum Gehorsam und zur Besprengung mit dem Blut Jesu Christi: Gnade und Friede werde euch immer reichlicher zuteil!

2. Petrusbrief, 1:1-2

Simon Petrus, Knecht und Apostel Jesu Christi, denen, die einen gleich kostbaren Glauben mit uns empfangen haben durch die Gerechtigkeit unseres Gottes und Retters Jesus Christus: Gnade und Friede werde euch immer reichlicher zuteil in der Erkenntnis Gottes und Jesu, unseres Herrn!

3. Johannesbrief, 1:1-2

Der Älteste dem geliebten Gajus, den ich liebe in der Wahrheit. Geliebter, ich wünsche, dass es dir in allem wohlgeht und du gesund bist, wie es deiner Seele wohlgeht.

Judas, 1:1-2

Judas, Knecht Jesu Christi, aber Bruder des Jakobus, den Berufenen, die in Gott, dem Vater, geliebt und in Jesus Christus bewahrt sind: Barmherzigkeit und Friede und Liebe werde euch immer reichlicher zuteil!

Offenbarung, 1:1

Offenbarung Jesu Christi, die Gott ihm gab, um seinen Knechten zu zeigen, was bald geschehen muss; und indem er sie durch seinen Engel sandte, hat er sie seinem Knecht Johannes kundgetan.

EIN BLICK IN DEN KORAN
✱

Der Koran ist ausnahmslos das Wort Allahs, ohne irgend eine Hinzufügung eines Geschöpfes oder eines anderen Autors außer Allah. Die Verse des Koran werden *Āya* ['Wunderzeichen'] genannt, die aus diesen Versen bestehenden Kapitel nennt man Suren. Der Koran besteht aus 114 Suren. Der Kürze halber möchte ich hier nur jeweils die ersten Verse von vierzehn Suren zitieren:

Sure *al-Fātiha*

Im Namen Allahs, des Allgnädigen, des Allbarmherzigen

{*Aller Lobpreis gebührt Allah, dem Herrn der Welten, dem Allgnädigen, dem Allbarmherzigen, dem Herrscher am Tage des Gerichts.*} (Qur'ān, 1:1-3)

Sure *al-Nisā'*

Im Namen Allahs, des Allgnädigen, des Allbarmherzigen

{O ihr Menschen, fürchtet euren Herrn, der euch aus einem einzigen Wesen erschuf, aus diesem seine Gattin erschuf, und aus ihnen beiden viele Männer und Frauen entstehen und sich ausbreiten ließ. Und fürchtet Allah, in dessen Namen ihr einander bittet, und respektiert die Verwandtschaftsbande. Wahrlich, Allah wacht über euch.} (Qur'ān, 4:1)

Sure *al-Aʿrāf*

Im Namen Allahs, des Allgnädigen, des Allbarmherzigen

{Alif, Lām, Mīm, Sād. Dies ist ein Buch, das dir herabgesandt wurde – es soll in deiner Brust keine Bedrängnis seinetwegen sein – auf dass du mit ihm warnst, und es soll eine Ermahnung für die Gläubigen sein.} (Qur'ān, 7:1-2)

Sure *Ibrāhīm*

Im Namen Allahs, des Allgnädigen, des Allbarmherzigen

{Alif Lām Rā. Dies ist ein Buch, das Wir zu dir herabgesandt haben, damit du die Menschen mit der Erlaubnis ihres Herrn aus der Finsternis zum Licht führen mögest, auf den Weg des Erhabenen, des Preiswürdigen.} (Qur'ān, 14:1)

Sure *al-Hajj*

Im Namen Allahs, des Allgnädigen, des Allbarmherzigen

{O ihr Menschen, fürchtet euren Herrn. Das Beben der Stunde ist eine gewaltige Sache. An dem Tage, da ihr es seht, wird jede Stillende ihren Säugling vergessen und jede Schwangere wird niederkommen mit dem was sie trägt; und du wirst die Menschen betrunken sehen, obwohl sie nicht betrunken sind; doch die Strafe Allahs ist gewaltig.} (Qur'ān, 22:1-2)

Sure *al-Mu'minūn*

Im Namen Allahs, des Allgnädigen, des Allbarmherzigen

{Fürwahr erfolgreich sind die Gläubigen, die in ihren Gebeten demütig sind und sich fernhalten von eitlem Gerede.} (Qur'ān, 23:1-3)

Sure *al-Furqān*

Im Namen Allahs, des Allgnädigen, des Allbarmherzigen

{Gesegnet ist der, der auf Seinen Diener die Unterscheidung herabgesandt hat, auf dass er ein Warner für die Welten sei – Er, dessen Königreich der Himmel und die Erde ist, der Sich keinen Sohn genommen hat, und für den es nie einen Partner in der Herrschaft gab, und der jegliches Ding erschaffen und ihm das rechte Maß verliehen hat.} (Qur'ān, 25:1-2)

Sure *al-Rūm*

Im Namen Allahs, des Allgnädigen, des Allbarmherzigen

{*Alif, Lām, Mīm. Die Byzantiner wurden besiegt im nächstliegenden Land, doch nach ihrer Niederlage werden sie siegreich sein, in wenigen Jahren. Allahs ist die Herrschaft vorher und nachher – und an jenem Tage werden sich die Gläubigen freuen über den Beistand Allahs. Er steht bei, wem Er will, und Er ist der Allmächtige, der Allbarmherzige.*} (Qur'ān, 30:1-5)

Sure *al-Ahzāb*

Im Namen Allahs, des Allgnädigen, des Allbarmherzigen

{*O Prophet, fürchte Allah und gehorche nicht den Ungläubigen und den Heuchlern! Wahrlich, Allah ist allwissend, allweise.*} (Qur'ān, 33:1)

Sure *al-Mudaththir*

Im Namen Allahs, des Allgnädigen, des Allbarmherzigen

{*O du (mit dem Obergewand) Bedeckter! Erhebe dich und warne, und verherrliche deinen Herrn!*} (Qur'ān, 74:1-3)

Sure *al-Infitār*

Im Namen Allahs, des Allgnädigen, des Allbarmherzigen

{*Wenn der Himmel sich spaltet, und wenn die Sterne sich zerstreuen, wenn die Meere dazu gebracht werden, über die Ufer zu treten, und die Gräber umgewühlt werden, dann wird jede Seele erfahren, was sie getan und was sie unterlassen hat!*} (Qur'ān, 82:1-5)

Sure *al-'Alaq*

Im Namen Allahs, des Allgnädigen, des Allbarmherzigen

{*Rezitiere, im Namen deines Herrn, der erschuf, der den Menschen aus einem Blutgerinnsel erschuf. Rezitiere! Und dein Herr ist der Edelmütigste, der das Schreiben mit dem*

Schreibrohr lehrte, der den Menschen lehrte, was er nicht kannte.} (Qur'ān, 96:1-5)

Sure *al-'Asr*

Im Namen Allahs, des Allgnädigen, des Allbarmherzigen

{*Bei der Zeit! Wahrlich, der Mensch ist in einem Zustand des Verlusts – außer denjenigen, die glauben und rechtschaffene Werke tun und einander zur Wahrheit und geduldigem Standhalten ermahnen.*} (Qur'ān, 103:1-3)

Sure *al-Ikhlās*

Im Namen Allahs, des Allgnädigen, des Allbarmherzigen

{*Sprich: Er ist Allah, der Eine, Allah der ewig unveränderlich Bestehende. Er zeugt nicht und wurde nicht gezeugt, und es gibt nichts, dass Ihm vergleichbar wäre!*} (Qur'ān, 112:1-4)

DIE MERKMALE EINES GÖTTLICHEN BUCHES UND DIE EVANGELIEN
✽

Zuerst eine Warnung:

Die Zugehörigkeit zu einer Religion ist sicher in keiner Weise mit der oft kurzlebigen Zugehörigkeit zu einem Sportverein zu vergleichen. Deshalb fällt es vielen Menschen äußerst schwer, ihre Zugehörigkeit zu einer Religion – sei sie nun wahr oder falsch – aufzugeben.

Einer der häufigsten Einwände, die den Propheten entgegengehalten wurde, lautet: „Wir können doch nicht das aufgeben, was unsere Vorfahren uns hinterlassen haben!"

Aber ist es wirklich die Pflicht der Menschen, in die Fußstapfen ihrer Väter zu treten? Muss beispielsweise einer, dessen

Vater arm war, ebenfalls in Armut leben? Oder muß der Sohn eines Schäfers unbedingt auch Schäfer werden? Und, zu guter Letzt, muss derjenige, dessen Vater einem Irrweg gefolgt ist, auch dessen Irrweg folgen?

Natürlich nicht! Denn das Leben lehrt uns, dass genau das Gegenteil der Fall ist. Viele Kinder armer Leute sind zu reichen Geschäftsleuten, Firmenchefs oder Medien-Mogulen geworden. Kinder, deren Väter davon lebten, Schafe zu hüten, sind Staatssekretäre oder Minister geworden. Und ebenso sind viele Kinder, deren Väter einem Irrweg folgten, zu bedeutenden und engagierten Vertretern der wahren Religion geworden.

Das eindeutigste und klarste Merkmal eines göttlichen Buches ist seine Sprache. Um dem Namen 'Göttliches Buch' gerecht zu werden und als Quelle der Religion zu fungieren, sollte es deshalb in der ursprünglichen Sprache gehalten sein, in der es dem Propheten, der es verkündete, offenbart wurde. Andernfalls erfüllt es nicht die grundlegenden Bedingungen.

Die ursprüngliche Sprache des Evangeliums, das dem Propheten Jesus – auf ihm sei der Friede – offenbart wurde, war Hebräisch. Bedauerlicherweise ist das Original dieses Evangeliums verloren gegangen, da bei seiner Niederschrift und Kodifizierung nicht mit der gleichen Gewissenhaftigkeit, Sorgfalt und dem gleichen Geist von Zusammenarbeit vorgegangen wurde, wie bei der Niederschrift und Kodifizierung des Koran.

Das 'Neue Testament', welches seit Jahrhunderten in den Kirchen rezitiert, von Missionaren verteilt und bis heute als Wort Gottes angesehen wird, besteht im Kern aus jenen verschiedenen Versionen, die unter Kontroversen auf dem Konzil von Nicäa im Jahre 325 ausgewählt wurden.

Ein weiteres Merkmal eines göttlichen Buches besteht darin, dass seine Syntax sowie die Anordnung der Worte dem von Allah offenbarten Wortlaut entsprechen.

Wenn wir uns beispielsweise den Koranvers {***Lobpreis sei Allah, dem Herrn der Welten***}[14] anschauen, wird deutlich, dass, wenn wir die Stellung eines Wortes, z.B. 'Lobpreis', in diesem Satz ändern, wird die von Allah festgelegte Syntax verändert, wodurch das Merkmal, das exakte Wort Gottes zu sein, verloren geht.

Um dies weiter zu verdeutlichen möchte ich zwei Beispiele aus dem Neuen Testament gegenüberstellen. Sie stammen von Matthäus und Markus und handeln unter gleichem Titel von ein und demselben Ereignis.

In Matthäus, 8:14-17 heißt es unter dem Titel „Heilung der Schwiegermutter des Petrus und anderer Kranker":

„*Und als Jesus in das Haus des Petrus gekommen war, sah er dessen Schwiegermutter*

---

14. Qur'ān, 1:1

fieberkrank daniederliegen. Und er berührte ihre Hand und das Fieber verließ sie; und sie stand auf und diente ihm."

Bei Markus heißt es hingegen in 1:29-31, unter „Heilung der Schwiegermutter des Petrus":

„Und sobald sie aus der Synagoge hinausgingen, kamen sie mit Jakobus und Johannes in das Haus Simons und Andreas. Die Schwiegermutter Simons aber lag fieberkrank danieder; und sofort berichteten sie ihm von ihr. Und er trat heran, ergriff ihre Hand und richtete sie auf; und das Fieber verließ sie.

Obwohl nicht ein Wort eines göttlichen Buches verändert werden darf, weisen diese beiden Textbeispiele eine Vielzahl von Auslassungen, Hinzufügungen und Veränderungen auf. Wenn eine der beiden Versionen wahr ist, ist die andere unwahr, wenn die eine korrekt ist, muss die andere falsch sein. Bedauerlicherweise werden beide

Texte als Teil der modernen Bibel in den Kirchen und im Gottesdienst als 'Wort Gottes' rezitiert.

Ein anderes augenfälliges Beispiel betrifft den Stammbaum Jesu – Friede sei mit ihm. Matthäus beginnt in 1:2 unter der Überschrift "Der Stammbaum Jesu" mit dessen Stammbaum bei Abraham:

„*Abraham zeugte Isaak, Isaak aber zeugte Jakob...*"

und endet dann, in 1:16-17, mit Joseph, dem Sohn Jakobs:

„*Mattan aber zeugte Jakob, Jakob aber zeugte Josef, den Mann Marias, von welcher Jesus geboren wurde, der Christus genannt wird.*"

Bei Lukas hingegen heißt es in 3:23 unter „Der Stammbaum Jesu":

„Und er selbst, Jesus, war ungefähr dreißig Jahre alt, als er auftrat, und war, wie man meinte, ein Sohn des Josef, (Sohn) des Eli..."

Im Gegensatz zu Matthäus beginnt Lukas mit Joseph, dem Sohn des Eli, und führt den Stammbaum dann zurück bis zu Ādam, den er als Sohn Gottes bezeichnet:

... (Sohn) des Enosch, (Sohn) des Set, (Sohn) des Adam, des (Sohn) Gottes.

Von den Hinzufügungen, Auslassungen und Veränderungen abgesehen, sagt einer dieser beiden Texte, Jesus sei der Enkel des Eli gewesen, während der andere besagt, er sei der Enkel des Jakob gewesen, wobei beide die Abstammung Jesu auf Joseph zurückführen.

Die ganze Welt – mit Ausnahme der Juden – weiß, dass Jesus – Friede sei auf ihm – ohne Vater geboren wurde und deshalb nur einen Großvater hatte. Dieser war der Vater seiner Mutter Maria, ʿImrān, und die

Abstammung Jesu läßt sich nur über diese Abstammungslinie ableiten.

Bedauerlicherweise werden jedoch diese widersprüchlichen Niederschriften in den Kirchen als 'Heilige Schrift' verkündet.

Als ich diese Widersprüche in dem, was heutzutage als Evangelium bezeichnet wird, betrachtete, musste ich an das eröffnende Kapitel des Koran, die Sure *al-Fātiha* denken. Wenn man einen Koran, der vor Jahrhunderten geschrieben wurde und eine gedruckte Ausgabe des Koran von heute nebeneinander legt und in beiden die Sure *al-Fātiha* vergleicht, wird man feststellen, dass sie vollkommen identisch sind und immer mit den Worten *al-Hamdulillāh* beginnen und mit *wa lā dāllīn* enden.

Das entscheidendste Merkmal eines göttlichen Buches ist, dass es gänzlich Allahs Buch ist und nicht ein einziges Wort enthält, das von irgendjemand anderem als Ihm stammt.

Wenn wir diesen Punkt einmal unvoreingenommen untersuchen, stellen wir fest, dass dies eine verstandesmäßig und logisch unverzichtbare Vorbedingung ist! Denn, wenn schon die Menschen die von ihnen verfaßten Bücher urheberrechtlich vor Plagiaten und Verfälschungen schützen, wie können wir dann glauben, dass Allah, der Allmächtige, Sein Buch nicht schützt und die Übeltäter ungeschoren davonkommen läßt?

Genau so, wie Allah, der Herr der Welten und absolute Herrscher der Himmel und der Erde, niemandem gestattet, sich in Sein Tun einzumischen, wird Er auch nicht zulassen, dass Sein Buch verfälscht oder verändert wird.

Aus diesem Grund wurde zum Beispiel das Wort "Āmīn!", was so viel bedeutet, wie „Nimm unsere Bitte an!", und welches entsprechend der Empfehlung und dem

Beispiel des Propheten – Allah segne ihn und schenke ihm Frieden – stets nach der Sure *al-Fātiha* gesprochen wird, nicht in die Niederschrift des Koran aufgenommen – weil es nicht das Wort Allahs ist!

DAS WAHRE EVANGELIUM UND DAS HEUTIGE NEUE TESTAMENT

*

Die Muslime glauben, dass das Evangelium [*injīl*], welches dem Propheten Jesus – auf ihm sei der Friede – zuteil wurde, genau wie der Koran eine authentische göttliche Offenbarung ist.

Das heutige Neue Testament besteht dagegen aus siebenundzwanzig Kapiteln, die zu verschiedenen Zeiten und von unterschiedlichen Autoren verfaßt wurden. Das heutige Neue Testament gliedert sich in vier große Teile:

1. Die Evangelien des Matthäus, Markus, Lukas und Johannes

2. Die Apostelgeschichte

3. Die Briefe des Pavlus, Petrus, Yuhanna, Yakup und Yahuda

4. Die Offenbarung

1. Die Evangelien des Matthäus, Markus, Lukas und Johannes

Lukas beginnt sein Evangelium mit folgenden Worten:

Hochedler Theophilus! Da es nun schon viele unternommen haben, einen Bericht von den Ereignissen zu verfassen, die sich unter uns zugetragen haben, wie sie uns die überliefert haben, die von Anfang an Augenzeugen und Diener des Wortes gewesen sind, hat es auch mir gut geschienen, der ich allem von Anfang an genau gefolgt bin, es dir der Reihe nach zu schreiben, damit du die Zuverlässigkeit der Dinge erkennst, in denen du unterrichtet worden bist. (Lukas, 1:1-4)

Lukas beginnt seine Schrift nicht im Namen Gottes, sondern mit den Worten „*Hochedler Theophilus!*". Dies sollte nicht weiter verwundern, wenn man davon ausgeht, dass er nicht das wahre Evangelium wiedergibt, sondern einen Bericht dessen, was sich unter den frühen Christen zugetragen hat. Er spricht dabei Theophilus an und erklärt, dass er die Berichte von Augenzeugen darlegt. All dies ist nichts Außergewöhnliches, und man fragt sich, was wohl als Nächstes kommt.

Bemerkenswert ist allerdings, dass diese Texte in den Kirchen als „Wort Gottes, niedergeschrieben von Lukas" rezitiert werden. Was würde wohl Lukas dazu sagen?

Im Vorwort einer von der „Kitabı Mukaddes Şirketi" (Heilige Schrift-Gesellschaft) im Jahre 1998 in Istanbul herausgegebenen Bibel heißt es:

„Das Neue Testament besteht aus siebenundzwanzig verschiedenen einzelnen Schriften. Diese nehmen Bezug auf vier grundlegende Berichte und bilden ein in sich zusammenhängendes Ganzes. Das Leben des ehrwürdigen Jesus wurde von den vier Autoren Matthäus, Markus, Lukas und Johannes niedergeschrieben, die nicht nur selbst Zeugen des Geschehens waren, sondern auch andere Augenzeugenberichte sammelten."

Wie also zuverlässige christliche Quellen selbst darlegen, erhoben weder Lukas noch die drei anderen Evangelisten Matthäus, Markus und Johannes den Anspruch, die Heilige Schrift niedergeschrieben zu haben, sondern sie überlieferten Zeugenberichte und Erinnerungen an die Taten Jesu – Friede sei mit ihm. Dabei ist es nichts Außergewöhnliches, dass sie die Ereignisse zur Zeit Jesu beschreiben, denn das ist die Methode, die Geschichtsschreiber gewöhnlich verwenden. Aus eben diesem Grunde sollten diese Niederschriften des Matthäus, Markus, Lukas und Johannes dann aber auch als 'historische Texte' bezeichnet werden.

Bedauerlich ist nur, dass diejenigen, die das wahre Evangelium verloren hatten, sich diese Texte anstelle des Göttlichen Buches nahmen und sie zur Hauptquelle des Christentums machten!

Es läßt sich auch nicht ernsthaft behaupten, diese vier Autoren hätten ein absolut vollständiges und exaktes Bild der Zeit Jesu wiedergegeben. Wenn selbst Historiker, die dieses Thema mit wissenschaftlichen Methoden erforscht haben, zu sehr unterschiedlichen Ergebnissen gelangt sind, ist es nicht verwunderlich, wenn zwischen den Texten dieser vier Autoren Widersprüche existieren.

In dem Kapitel „Ein Blick in das Neue Testament" habe ich bereits eine Reihe von Beispielen der Schriften dieser vier Autoren und weiterer Verfasser aufgeführt. Ich möchte an dieser Stelle nur noch einige Beispiele aus den letzen Kapiteln der vier Evangelisten anführen. Dort heißt es bei Matthäus:

Anschlag der Hohenpriester und Verrat des Judas

Dann ging einer von den Zwölfen, mit dem Namen Judas Iskariot, zu den Hohenpriestern und sprach: Was wollt ihr mir geben, wenn ich ihn euch überliefern werde? Sie aber setzten ihm dreißig Silberlinge fest. (Matthäus, 26:14-15)

Lukas hingegen berichtet:

Anschlag der Hohenpriester und Verrat des Judas

Satan fuhr in Judas, der Iskariot genannt wurde und einer der Zwölfen war. Er ging hin und besprach sich mit den Hohenpriestern und Hauptleuten, wie er ihn an sie überliefere. Sie waren erfreut und kamen überein, ihm Geld zu geben. (Lukas, 22:1-5)

Markus schreibt:

Gefangennahme

Derjenige der ihn überlieferte, hatte ihnen aber ein Zeichen gegeben und gesagt: „Den

Mann, den ihr sucht, werde ich küssen." Den greift, und führt ihn sicher fort! Yahuda ist unverzüglich zu Jesus gegangem und spricht: „Rabbi!", und küsste ihn. Jesus sagte zu ihm: „Freund, mach das, wofür du hergekommen bist." Sie aber legten ihre Hände an ihn und ergriffen ihn. Einer der Dabeistehenden aber zog das Schwert, schlug den Knecht des Hohenpriesters und hieb ihm das Ohr ab.

(Markus, 14:44-47)

Bei Johannes heißt es:

Gefangennahme

Judas hatte Soldaten, Hohenpriester und Pharisäern an seine Seite genomen. Er kommt dahin mit Leuchten, Fackeln und Waffen. Jesus nun, der alles wusste, was über ihn kommen würde, ging hinaus und sprach zu ihnen: „Wen sucht ihr?" Sie antworteten ihm: „Jesus, den Nazoräer." Er spricht zu ihnen: „Ich bin es!" Aber auch Judas, der ihn überlieferte, stand bei ihnen. Als er nun zu ihnen sagte: „Ich bin

es!", wichen sie zurück und fielen zu Boden.
(Johannes, 18:1-10)

Liebe Leser, diese Textstellen bedürfen keines weiteren Kommentars – zu offenkundig sind die darin enthaltenen Widersprüche.

Wir wollen uns nun der Legende von der Kreuzigung Jesu zuwenden. Matthäus schreibt:

Golgatha: Kreuzigung

Als sie hinauszogen, trafen sie einen Mann aus Kyrene, mit dem Namen Simon. Den zwangen sie, dass er das Kreuz von Jesus trage. Und als sie an einen Ort gekommen waren, genannt Golgatha, das heißt Schädelstätte, gaben sie ihm mit Galle vermischten Wein zu trinken. Als er davon gekostet hatte, wollte er nicht mehr trinken. Als sie Jesus gekreuzigt hatten, verteilten sie seine Kleider untereinander.
(Matthäus, 27:32-35)

Bei Johannes heißt es:

Golgatha: Kreuzigung

Jesus selbst trug sein Kreuz und ging hinaus nach dem Ort, genannt Schädelstätte, die auf Hebräisch Golgatha heißt, wo sie ihn und zwei andere kreuzigten. (Johannes, 19:17-18)

Markus beschreibt den Tod Jesu – Friede sei mit ihm – so:

Golgatha

Gegen fünfzehn Uhr schrie Jesus mit lauter Stimme: „Eloí, Eloí, lemá sabachtháni?", was übersetzt heißt: „Mein Gott, mein Gott, warum hast du mich verlassen?" Jesus stieß einen lauten Schrei aus und verschied. (Markus, 15:33-37)

Johannes wiederum schreibt hierzu:

Golgatha: Tod

Jesus wusste, dass alles schon vollbracht war. Damit die Schrift erfüllt würde, sprach er: „Mich dürstet!" Es stand da ein Gefäß voll Essig.

Sie legten nun einen Schwamm voller Essig um einen Ysop und brachten ihn an seinen Mund. Als nun Jesus den Essig getrunken hatte, sprach er: „Es ist vollbracht!" Er neigte das Haupt und übergab sein Geist. (Johannes, 19:28-30)

WURDE JESUS – FRIEDE SEI AUF IHM – WIRKLICH GEKREUZIGT?

*

Nach Aussagen der Kirche lautet die Antwort: Ja!

Warum? Weil es so in der Bibel steht!

Wer aber hat dies in die Bibel hineingeschrieben? Ereignisse wie die Verhaftung, Befragung und Hinrichtung Jesu – auf ihm sei der Friede – stehen in keinerlei Bezug zur authentischen Offenbarung. Wenn wir davon ausgehen, dass Göttliche Bücher und göttliche Offenbarungen nur den Propheten zuteil wurden, müssen wir uns fragen, welchem falschen Propheten denn offenbart wurde, dass der gekreuzigte Jesus, als er seine Seele hingab, die Worte *„Eloí, Eloí, lemá sabachtháni?"* oder *„Mich dürstet!"* gesagt hätte, die dann anschließend in das Evangelium eingefügt wurden? Wenn es sich hingegen um die Aussagen von Zeugen handeln sollte, muss uns wohl die berechtigte Frage gestattet sein, ob es sich beim Neuen Testament um eine Sammlung historischer Berichte oder um ein Göttliches Buch handelt.

Wer waren die Leute, die das Evangelium derart verfälscht haben und es dann als angebliche Heilige Schrift verbreitet haben?

Das Ereignis der Kreuzigung Jesu, eines Propheten, der sein Zeitalter drastisch veränderte, wird sowohl von abendländischen Wissenschaftlern als auch von Kirchenhistorikern noch immer mit Skepsis betrachtet. Die Kirche aber machte das Kreuz, an dem der Prophet Jesus gekreuzigt worden sein soll, zum Symbol des Christentums und erklärte das Tragen desselben zu einer Form von Gottesdienst. Ein Sachverhalt, der aus Sicht der heutigen westlichen Zivilisation äußerst seltsam anmuten muss.

Was also sind die Hintergründe?

Die einzig wirklich zuverlässige Quelle zur Erhellung der Hintergründe dieses Geschehens ist das letzte Göttliche Buch, der edle Koran. Darin sagt Allah, der Erhabene:

{*Sie haben, den Messias Jesus, nicht getötet und sie haben ihn nicht gekreuzigt, sondern gekreuzigt wurde eine ihm ähnliche Gestalt. Diejenigen, die über ihn uneins sind, sind im Zweifel über ihn. Sie besitzen kein Wissen über ihn, sondern folgen nur Vermutungen. Sie haben ihn gewiss nicht getötet! Vielmehr hat Allah ihn zu Sich erhoben. Allah ist mächtig und weise.*}[15]

Allah, der Erhabene, klärt im Koran nicht nur endgültig die Frage, ob Jesus – Friede sei auf ihm – gekreuzigt wurde, sondern beseitigt alle damit verbundenen Zweifel. Ja, der ehrwürdige Prophet Jesus wurde weder gekreuzigt noch getötet.

---

15. Qurʾān, 4:157-158

Judas, der einer der zwölf Jünger war, hatte Jesus – Friede sei mit ihm – verraten. Als Judas die Soldaten zu ihm führte, entstand ein Tumult. In diesem Moment erhob Allah der Erhabene Jesus zu sich und ließ den Häschern Judas in der Gestalt Jesu erscheinen. Die Soldaten verhafteten Judas und niemand glaubte ihm, als er schrie: „Ich bin nicht Jesus!" Diejenigen, die ihn verhafteten, verhörten, und schließlich kreuzigten, fragten sich anschließend: „War das wirklich Jesus?" und verfielen in Zweifel, da das Gesicht des Judas zwar dem Gesicht Jesu ähnelte, sein Körper jedoch nicht. Zugleich fragten sie sich: „Wenn dies Jesus war, wo ist dann Judas? Und wenn es Judas war, wo ist dann Jesus?" So blieb bei ihnen ein starkes Gefühl von Zweifel zurück.

Was geschah mit Judas?

Nach islamischer Ansicht wurde er anstelle Jesu – Friede sei auf ihm – gekreuzigt und getötet. Und was sagt das Christentum?

Matthäus schreibt:

Das Ende des Judas

Als nun Judas, der Jesus verraten hatte, sah, dass er verurteilt wurde, reute es ihn, und er brachte die dreißig Silberlinge den Hohenpriestern und den Ältesten zurück und sagte: „Ich habe gesündigt, denn ich habe schuldloses Blut überliefert." Sie aber sagten: „Was geht das uns an? Sieh selbst zu, was mit dir passiert." Er warf die Silberlinge in den Tempel und machte sich davon und erhängte sich. (Matthäus, 27:3-5)

In der Apostelgeschichte hingegen heißt es:

Wahl des Matthias zum Apostel

Denn Judas war uns zugezählt und hatte seinen Anteil dieses Dienstes empfangen. Dieser nun hat zwar von dem Lohn der Ungerechtigkeit einen Acker erworben, ist aber kopfüber gestürzt, mitten entzwei geborsten, und alle seine Eingeweide sind ausgeschüttet worden.

Es ist allen Bewohnern von Jerusalem bekannt geworden. (Apostelgeschichte, 1:15-19)

Nach diesen zwei Schriften: Nach Matthäus wurde Judas von Gewissensbissen geplagt und bereute sein Tun, brachte die Silbermünzen, die er für seinen Verrat erhalten hatte zurück und erhängte sich anschließend.

Nach der Apostelgeschichte kaufte er mit den Silbermünzen einen Acker, fiel dort kopfüber hin, wobei sein Körper aufplatzte und all seine Eingeweide hervorquollen.

Hierzu nur einige elementare Bemerkungen, damit wir uns nicht falsch verstehen: Zu jener Zeit gab es keine Flugzeuge, also kann Judas nicht aus einem Flugzeug gestürzt sein. Er stürzte auf dem Acker, den er mit dem Geld gekauft hatte, das er für seinen Verrat bekommen hatte. Dabei platzte sein Körper auf, und er brach in der Mitte entzwei, so dass seine Gedärme hervorquollen. Und jeder in Jerusalem hörte davon – außer dem bedauernswerten Matthäus, der das Geschehen um den Tod des Judas völlig anders wiedergibt.

Liebe Leser!

Diese widersprüchlichen und wirren Geschichten werden in den Kirchen als Teil der Heiligen Schrift verkündet, aufgeklärte westliche Intellektuelle hören sie sich an, und Missionare sind eifrig damit beschäftigt, sie in den islamischen Ländern als 'Heilige Schrift' zu vermarkten.

Was geschah mit Jesus – Friede sei mit ihm?

Nach der Ansicht des Islam wurde er weder gekreuzigt, noch starb er oder wurde getötet, sondern Allah, der Erhabene, erhob ihn in lebendigem Zustand zu Sich in den Himmel.

Die Christen sind da anderer Meinung. So schreibt Matthäus:

Grablegung

Als es aber Abend geworden war, kam ein reicher Mann von Arimathäa, Namens Josef, der selbst auch ein Jünger Jesu war. Dieser ging hin zu Pilatus und bat um den Leib Jesu. Da befahl Pilatus, den Leib zu übergeben. Und Josef nahm den Leib und wickelte ihn in ein reines Leinentuch und legte ihn in seine neue Gruft, die er in den Felsen ausgehauen hatte; und er wälzte einen großen Stein an die Tür der Gruft und ging weg. (Matthäus, 27:57-60)

Dagegen sagt Johannes:

Grablegung

Danach aber bat Josef von Arimathäa, der aus Furcht vor den Juden ein geheimer Jünger Jesu war, den Pilatus, dass er den Leib Jesu abnehmen dürfe. Und Pilatus erlaubte es. Er kam nun und nahm den Leib Jesu ab. [...] Es war aber an dem Ort, wo er gekreuzigt wurde, ein Garten und in dem Garten eine neue Gruft, in die noch nie jemand gelegt worden war. Dorthin nun legten sie Jesus, wegen des Rüsttags der Juden, weil die Gruft nahe war. (Johannes, 19:38-42)

Nach dem Bericht des Matthäus nahm ein Mann namens Joseph den Körper Jesu – auf ihm sei Friede – und brachte ihn in eine neue Gruft, die er selbst aus dem Stein gehauen hatte.

Nach Johannes wurde Jesus – Friede sei auf ihm – in einem Garten gekreuzigt. In dem Garten befand sich eine Gruft, in die noch nie jemand gelegt worden war und, da gerade der Rüsttag der Juden war, legte Joseph, der keine Gruft aus dem Fels zu hauen brauchte, den Körper Jesu in die in diesem Garten fertig vorgefundene Gruft.

Liebe Leser!

Das Göttliche Buch sollte gänzlich Allahs Worte sein und keine Ergänzungen von Menschen enthalten – nicht einmal ein einziges Wort! Ich habe die Kapitel, die von der Grablegung Jesu handeln, Wort für Wort gelesen und überprüft, doch bedauerlicherweise habe ich kein einziges Wort finden können, das den Worken Allahs stammen. Verständlicherweise macht es mich in Hinblick auf das wahre Evangelium sehr betrübt. Zu sehen, wie Legenden, wie die von Joseph von Arimathäa, in den Kirchen unter dem Namen 'Gottes Wort' als Heilige Schrift verkündet und zur Glaubensgrundlage der heutigen Christenheit gemacht werden.

Die Auferstehung des Propheten Jesus nach Ansicht der Christen wird von Markus folgendermaßen beschrieben:

Die Frauen am leeren Grab

Und als der Sabbat vergangen war, kauften Maria Magdalena und Maria, die Mutter des Jakobus, und Salome wohlriechende Öle, um Jesus zu salben. Sie kommen sehr früh am ersten Wochentag zu der Gruft, als die Sonne aufgegangen war. Und sie sprachen zueinander:

"Wer wird uns den Stein von der Tür der Gruft wegwälzen?" Als sie aufblicken, sahen sie, dass der Stein bereits zurückgewälzt ist. Der Stein war sehr groß. Als sie in die Gruft eintraten, sahen sie eine junge Person zur Rechten Seite sitzen. Bekleidet mit einem weißen Gewand. Sie entsetzten sich. Er sprach zu ihnen: "Entsetzt euch nicht! Ihr sucht Jesus, den Nazarener, den Gekreuzigten. Er ist auferstanden und ist nicht hier." (Markus, 16:1-6)

Bei Lukas findet sich folgender Bericht:

Die Frauen am leeren Grab

An dem ersten Wochentag, ganz in der Frühe, kamen sie zu der Gruft und brachten die wohlriechenden Öle, die sie zubereitet hatten. Sie fanden den Stein von der Gruft weggewälzt. Als sie hineingingen, fanden sie den Leib des Herrn Jesus nicht. Als sie darüber überrascht waren, standen plötzlich zwei Männer in strahlendem Gewand bei ihnen. Als sie aber von Furcht erfüllt wurden und das Gesicht zur Erde neigten, sprachen die Männer zu ihnen: „Warum sucht ihr den Lebenden unter den Toten? Er ist nicht hier, sondern ist auferstanden." (Lukas, 24:1-6)

In diesen Abschnitten über die Auferstehung Jesu – auf ihm sei der Friede Gottes – findet sich nicht ein einziges Wort, das man guten Gewissens als 'Wort Gottes' bezeichnen könnte. Es handelt sich ausschließlich um widersprüchliche Geschichten oder Legenden, die beschreiben, wie die Frauen den Körper ihres Herrn Jesus suchten.

Was wäre, wenn – anstelle von Maria Magdalena's die in Europa lebenden Meryem's aus Konya behaupten würden, auf dem Friedhof Männergestalten gesehen und mit ihnen gesprochen zu haben. Man würde vermutlich annehmen, sie hätten sich etwas eingebildet. Und wenn sie darauf bestehen würden, würde man ihnen raten, eine Klinik aufzusuchen.

Wir wollen uns nun den anderen Teilen des Neuen Testaments zuwenden.

2. Die Apostelgeschichte

Lukas, einer der vier Verfasser des als 'Evangelien' bekannten ersten Teils des Neuen Testaments, ist zugleich auch der Autor der Apostelgeschichte. Während er im ersten Teil die Ereignisse zur Zeit Jesu – Friede sei auf ihm – beschreibt, handelt dieses Kapitel von den Ereignissen nach Jesus. Man könnte natürlich auf die Idee kommen zu fragen: „Was haben die Ereignisse nach Jesus in einem göttlichen Buch zu suchen, denn sie sind doch nicht Gottes Wort?"

Darüber wundere ich mich auch. Was soll man tun, wenn es keiner hören will?!

Ich möchte aus diesem Kapitel nur einen kurzen Abschnitt als Beispiel anführen:

Weiterreise nach Rom

Nach drei Monaten fuhren wir in einem alexandrinischen Schiff mit dem Zeichen der Dioskuren, das auf der Insel überwintert hatte. Als wir in Syrakus angelegt hatten, blieben wir dort drei Tage. Von dort fuhren wir in einem Bogen und kamen nach Rhegion. Nach einem Tag als sich der Südwind erhob, kamen wir am zweiten Tag nach Puteoli, wo wir Geschwister antrafen und gebeten wurden, sieben Tage bei ihnen zu bleiben. So kamen wir nach Rom.

(Apostelgeschichte, 28:11-14)

3. Die Briefe

Dabei handelt es sich um einundzwanzig Briefe,[16] verfaßt von Paulus, Petrus, Johannes,

---

16. Dies sind im einzelnen die folgenden Briefe: Römer, 1.Korinther, 2.Korinther, Galater, Epheser, Philipper, Kolosser, 1.Thessalonicher, 2.Thessalonicher, 1.Thimotheus, 2.Thimotheus, Titus, Philemon, Hebräer, Jakobus, 1.Petrus, 2.Petrus, 1.Johannes, 2.Johannes, 3.Johannes, Judas

Joseph und Judas an Individuen oder Gemeinschaften. Um unsere Ausführungen nicht unnötig in die Länge zu ziehen verzichten wir darauf, weiter auf diese Briefe einzugehen.

4. Die Offenbarung

Es wird vermutet, dass dieses Kapitel auf Johannes zurückgeht. Es besteht ganz und gar aus Phantasien, Geschichten, Legenden und dergleichen. Lassen sie mich hier nur ein Beispiel dafür geben, in welcher Weise die Menschen das wahre Evangelium pervertiert haben.

Die Frau, ihr Kind und der Drache

Ein großes Zeichen erschien im Himmel. Eine Frau, bekleidet von der Sonne, der Mond war unter ihren Füßen und auf ihrem Haupt ein Kranz von zwölf Sternen. Sie ist schwanger und schreit vor Schmerzen in Geburtswehen. Es erschien ein anderes Zeichen im Himmel: Siehe, ein großer, feuerroter Drache, der sieben Köpfe und zehn Hörner und auf seinen Köpfen

sieben Diademe hatte. Sein Schwanz zieht ein drittel der Sterne des Himmels fort, und er schleuderte sie auf die Erde. Der Drache stand vor der Frau, die im Begriff war, zu gebären...
(Offenbarung, 12:1-4)

Liebe Leser!

Die Geschichte geht noch weiter, doch dieser Auszug sollte ausreichen, um sich ein Bild zu machen.

Wir wollen uns nun einigen Aussagen von moderaten Christen zum heutigen Neuen Testament zuwenden.

In seinem Buch *Is the Bible the Word of God?* schreibt Dr. Graham Scroggie:

„Die Heilige Schrift ist Menschenwerk, auch wenn manche dies – sei es aus mangelndem Wissen oder aus Übereifer – bestreiten. Die Heilige Schrift entstammt menschlichem Denken. Sie ist von Menschen in der Sprache der Menschen geschrieben worden und ist als solche Träger eindeutig menschlicher Eigenschaften."

Der englische Erzbischof Kenneth Cragg sagte:

„Das Neue Testament der Heiligen Schrift ist nicht 'Gottes Wort'. Es handelt sich um von Menschen erzählte Geschichten und Augenzeugenberichte. Die ganz und gar von Menschen stammenden Worte dieser Kapitel wurden den Leuten jedoch von Seiten der Kirche als Gottes Wort dargestellt."

WAS WÄRE, WENN DAS ECHTE EVANGELIUM AUFTAUCHEN WÜRDE?

Im Jahr 1947 entdeckten Schafhirten in einer Höhle in der Nähe von Jerusalem in Tongefäßen versteckt eine Sammlung alter Schriftrollen. Dieser Fund erregte in der christlichen Welt großes Aufsehen und führte zu teilweise heftigen Debatten. Die Medien in aller Welt, einschließlich der Türkei, berichteten von dem Fund mit Schlagzeilen wie *„Die Wahre Bibel ist gefunden!"* und das Thema stand wochenlang auf der Tagesordnung christlicher Kreise. Fachleute der Vereinigung der Weltkirchen begannen augenblicklich mit einer Untersuchung der Schriftrollen, aber wahrscheinlich benutzten die beteiligten 'Narkoseärzte' eine so hohe Dosis an Narkosemitteln, dass das bedauernswerte Evangelium bis heute nicht aus seinem Koma erwacht ist.

Wird das wahre Evangelium vor der christlichen Öffentlichkeit versteckt?

Das französische Magazin *L'Evenement Du Jeudi* veröffentlichte 1993 in seiner Juli-Ausgabe einen Artikel, in dem es heißt:

„Es ist nun an der Zeit, das wahre Evangelium zu veröffentlichen. Gewisse Kräfte widersetzen sich dem jedoch, da eine Veröffentlichung zu schwerwiegenden Erschütterungen innerhalb der christlichen Zivilisation führen würde."

Was würde denn geschehen, wenn plötzlich und unerwartet das wahre Evangelium auftauchen würde?

Zuerst einmal würde damit die Dreifaltigkeit, d.h. die Legende von den drei Göttern in Einem, ein Ende finden, und der Glaube an den **einen Gott** und die Tatsache, dass Jesus – Friede sei auf ihm –, so wie die anderen Propheten auch, Sein Diener und Gesandter war, würden zutage treten.

Zudem könnte der Mythos der Kreuzigung Jesu und das damit verbundene Märchen, Allah habe, um den Menschen ihre Sünden zu vergeben, Seinen einzigen Sohn geopfert, zum Mythos werden.

Die Machtstellung und Autorität des Papstes und der Kirchen würden zunichte gehen. Tausende, die – wie beispielsweise Galileo Galilei – von ihnen exkommuniziert wurden, wären rehabilitiert.

Erinnern sie sich? „Die Erde dreht sich!" hatte Galileo gesagt, und war vom Papst exkommuniziert und vom Inquisitions-Gericht verurteilt worden, woraufhin er beim Verlassen des Gerichtssaals anmerkte: „Selbst wenn ich sagen würde, dass sie sich nicht dreht, dreht sie sich doch!" Erst 350 Jahre später, nämlich im Jahr 1992, hob Papst Johannes Paul II. schließlich das Gerichtsurteil und die

Exkommunikation Galileos auf und erklärte ihn zu einem aufrechten Christen, damit er vielleicht nun endlich aus dem Fegefeuer befreit würde.

Auf der anderen Seite könnte eine Veröffentlichung des wahren Evangeliums, so Gott will, dazu führen, dass die christliche Welt an den letzten Propheten Muhammad – Segen und Friede seien auf ihm – glaubt und die Welt eine neue Ordnung bekommen würde.

Geschichten, wie die des Joseph von Arimathäa, der Maria Magdalena, oder jene der vor Schmerzen schreienden Frau im Himmel und des siebenköpfigen Drachens, mögen der Christenheit des Mittelalters faszinierend und vielleicht sogar plausibel erschienen sein, doch für das Europa unseres Zeitalters fehlen ihnen die nötige Überzeugungskraft und Glaubhaftigkeit.

Die einzige Adresse, die den großen Wissensdurst und Hunger nach Spiritualität in der heutigen christlichen Welt und der gesamtem Menschheit befriedigen und inneren Frieden bringen kann, ist der Koran.

Ich bin fest überzeugt davon und hoffe darauf, dass die christliche Welt, sowie die Menschheit im Allgemeinen, die Begegnung mit dem Koran sehr nahe ist.

Vielleicht wird dies morgen sein, vielleicht aber auch schon früher!

DIE MERKMALE EINES GÖTTLICHEN BUCHES UND DER KORAN

*

Eines der wichtigsten Merkmale eines göttlichen Buches ist seine Sprache.

Da der Koran im Original, also in der ursprünglichen Sprache, in der er dem Propheten offenbart wurde, vorliegt, erfüllt er nach wie vor dieses Merkmal eines göttlichen Buches. Andernfalls würde er dieser Bezeichnung nicht gerecht werden. Die Übersetzungen Göttlicher Bücher in andere Sprachen können nicht mehr als Göttliche Bücher im eigentlichen Sinn bezeichnet werden. So ist eine türkische Koran-Übersetzung eben nicht 'der Koran', sondern nur eine Übersetzung desselben ins Türkische. Es steht zweifelsfrei fest, dass das letzte Göttliche Buch, der Koran, in der

Sprache, in der er dem Propheten Muhammad – Allah segne ihn und schenke ihm Frieden – offenbart wurde, bewahrt worden ist – womit er, aus sprachlichen Gesichtspunkten betrachtet, heutzutage die einzige Schrift ist, die zu Recht den Namen 'Göttliches Buch' verdient.

Ein weiteres Unterscheidungsmerkmal eines göttlichen Buches ist seine Syntax.

Damit ist gemeint, dass die Worte und deren Abfolge in ihrer ursprünglichen, von Allah festgelegten Form, erhalten sein sollten.

Sehen wir uns doch einmal unterschiedliche Ausgaben des Koran an: Angefangen von der frühesten vollständigen Niederschrift, die während der Zeit des Kalifen Abū Bakrs aufgezeichnet wurde, über die Kopien des Kalifen 'Uthmān – von denen sich eine in der Eremitage in St. Petersburg befindet, während eine weitere im *Topkapi*-Palast in Istanbul aufbewahrt wird

– über spätere Handschriften, bis hin zu den gedruckten Ausgaben aus den verschiedensten Ländern, werden wir feststellen, dass alle mit der Sure *al-Fātiha* beginnen, mit der Sure *al-Nās* enden und dass die Syntax in allen die gleiche ist. Das heißt: Sie alle folgen der von Allah, dem Erhabenen, festgelegten Wahl und Anordnung der Worte.

Das wichtigste Merkmal eines göttlichen Buches ist jedoch, dass es – um nicht seine Eigenschaft des 'Göttlichen' zu verlieren – nichts anderes als Gottes Wort enthalten darf! Kein Wort darin darf von irgend jemand anderem außer Allah stammen. Wenn die Worte eines Propheten oder irgendwelcher anderer Personen in eine Schrift aufgenommen werden, handelt es sich nicht mehr um das reine Göttliche Buch und dieses kann folglich nicht länger als grundlegende Quelle der Religion dienen.

Der letzte Prophet, Muhammad – Allah segne ihn und schenke ihm Frieden – ließ zu seinen Lebzeiten die Verse des Koran niederschreiben, während er – um eine Verfälschung des Göttlichen Buches zu verhindern – die Aufzeichnung seiner eigenen Aussagen, welche nicht Bestandteil des Koran sind, untersagte.[17]

So wurde beispielsweise das Wort "*Āmīn!*", welches entsprechend der Empfehlung und dem Vorbild des Propheten – Allah segne ihn und schenke ihm Frieden – am Ende der Sure *al-Fātiha* gesprochen wird, nicht in den Koran aufgenommen, weil es nicht das Wort Allahs sondern das Seines Propheten ist!

---

17. <u>Anm. d. Übersetzers:</u> Es handelt sich hierbei nicht um ein absolutes Verbot, wie durch eine Reihe anderer Überlieferungen belegt ist. Selbst enge Vertraute des Propheten – Allah segne ihn und seine Gefährten und schenke ihm und ihnen Frieden – wie Abū Bakr fertigten für ihren Privatgebrauch Aufzeichnungen der Aussprüche des Propheten an. Das Verbot diente vielmehr als Vorsichtsmaßnahme, um zu verhindern, dass – beispielsweise durch Aufzeichnung von Aussprüchen des Propheten und Versen des Koran auf demselben Blatt – irgendwelche Veränderungen am Wort Gottes vorgenommen würden.

Das einzige Göttliche Buch, welches nicht in offenkundigem Widerspruch zu den Merkmalen eines göttlichen Buches steht, sondern diese allesamt in sich vereint und bis heute bewahrt hat, ist der Koran.

EIN VERGLEICH ZWISCHEN DEM KORAN UND DEM NEUEN TESTAMENT
✻

Wie im vorhergehenden Kapitel deutlich wurde, ist der Koran gänzlich Allahs Wort. Nicht ein Wort im Koran stammt vom Propheten Muhammad – Allah segne ihn und schenke ihm Frieden. Schauen wir uns nun die Evangelien an: Das heutige Neue Testament enthält, abgesehen von der Tatsache, dass es offensichtlich nicht Allahs Worte sind, selbst derart wenige Worte von Jesus – Friede sei mit ihm – dass man sie an den Fingern abzählen kann.

Ein Beispiel:

Danach, da Jesus wusste, dass alles schon vollbracht war, spricht er, damit die Schrift erfüllt würde: „Mich dürstet!" Es stand da ein Gefäß voll Essig. Sie legten nun einen Schwamm

voller Essig um einen Ysop und brachten ihn an seinen Mund. Als nun Jesus den Essig genommen hatte, sprach er: „Es ist vollbracht!" Und er neigte das Haupt und übergab den Geist.
(Johannes, 19:28-30)

Dieser Abschnitt, der insgesamt aus zweiundsechzig Worten besteht, enthält nur die fünf Worte Jesu *„Mich dürstet!"* und *„Es ist vollbracht!"*; doch von wem stammen die restlichen siebenundfünfzig Worte? Wenn es sich um die Worte von Augenzeugen handelt, kann man dann dieses 'Heilige Schrift' genannte Buch noch als Allahs Worte bezeichnen? Oder ist es ein Untersuchungsbericht? Oder ein kirchenhistorisches Dokument?

Die Apostelgeschichte

Die im Neuen Testament enthaltene Apostelgeschichte beschreibt ausschließlich Geschehnisse nach der Zeit Jesu – Friede sei auf ihm – von seinen Gefährten. Offensichtlich ist alles, was über Ereignisse nach dem Propheten

Jesus geschrieben wurde, eine Hinzufügung, die nur Menschenwort sein kann. Schauen wir auf den Koran: Er enthält kein einziges Wort über den historischen Aufstieg des Islam oder die Taten seiner Gefährten nach dem Tode des Propheten – Allah segne sie und schenke ihnen allen Frieden! Daraus wird deutlich, dass allein der Koran den Status eines göttlichen Buches ohne jegliche Veränderungen bewahrt hat.

Die Briefe

Unter dem Titel 'Briefe' bekannten Kapitel des Neuen Testaments finden sich einundzwanzig Briefe, verfaßt von Paulus, Petrus, Johannes und Joseph an verschiedene Personen oder Gemeinden. Diese sind allesamt eindeutig Menschenworte und eine spätere Hinzufügung zu den Evangelien.

Wenn wir hingegen den Koran betrachten, erkennen wir, dass er nicht ein einziges Wort der vielen Briefe enthält, die der Prophet Muhammad – Allah segne ihn und schenke ihm Frieden – an die Könige und Regenten seiner Zeit geschrieben hat, geschweige denn Briefe der vier Kalifen oder der Prophetengefährten.

Darüber hinaus ist die Authentizität der Briefe des Paulus, Petrus, Johannes, Joseph und Judas bis heute umstritten, da man weder weiß, wo deren Originale sind, noch von wem sie wirklich stammen.

Vom Propheten Muhammad wissen wir hingegen, dass er im Jahre 7 nach der *Hijra* die folgenden Briefe schreiben und übersenden ließ:

Einen Brief an den byzantinischen Herrscher Heraklius,

einen Brief an den persischen Imperator Chosrau,

einen Brief an den Negus, den König von Abessinien,

einen Brief an Muqauqas, den Statthalter Ägyptens,

einen Brief an Hārith ibn Abī Schimr, den Herrscher von Syrien, sowie

einen Brief an Haudha ibn ʿAlī, den Gouverneur von Yamāma.

Obwohl einige der Briefe verloren gegangen sind oder zerrissen wurden, existieren noch heute mindestens zwei von ihnen im Original, nämlich der Brief an Muqauqas, der sich im Topkapi-Palast in Istanbul befindet, sowie der an Heraklius im Museum von Amman. Auf den beiden folgenden Seiten finden sich Abbildungen und die Übersetzung der Texte dieser beiden Briefe:

Abbildung des Briefes des Propheten Muhammad an Mauqauqas

Brief an Muqauqas

Im Namen Allahs, des Allgnädigen, des Allbarmherzigen

Von Allahs Diener und Gesandtem Muhammad an Muqauqas, den Statthalter von Ägypten: Friede sei auf dem, der der Rechtleitung folgt. Darum lade ich dich ein, den Islam anzunehmen. Wenn du den Islam annimmst, wirst du in Sicherheit sein und

Allah wird dir im Jenseits zweifache Belohnung schenken. Wenn du meiner Einladung nicht nachkommst, so verden die Sünden aller Kopten dir auferlegt sein!

Abbildung des Briefes des Propheten Muhammad an Heraklius

Brief an Heraklius

Im Namen Allahs, des Allgnädigen, des Allbarmherzigen

Von Allahs Diener und Gesandtem Muhammad an Heraklius, den Herrscher von Byzanz: Friede sei auf dem, der der Rechtleitung folgt. Hiermit lade ich dich ein, den Islam anzunehmen. Wenn du den Islam annimmst, wirst du Frieden finden und Allah wird dir im Jenseits zweifache Belohnung schenken. Wenn du meiner Einladung nicht nachkommst, so werden die Sünden deiner Untertanen dir auferlegt sein!

DER KORAN UND DER PROPHET MUHAMMAD
– Segen und Friede Allahs seien auf ihm –

Westliche Wissenschaftler, bestätigen, dass die von den Gefährten des Propheten Muhammad und von späteren Generationen zu verschiedenen Zeiten und an unterschiedlichen Orten niedergeschriebenen Kopien des Koran in den Museen der Welt mit den von heute im Umlauf befindlichen Exemplare verglichen haben, dass es sich um ein und dasselbe Buch handelt und dass keinerlei Veränderungen am Text der verschiedenen Kopien festzustellen sind.

Einzig und allein eine Art fanatische Manie läßt sie an ihrem Argwohn festhalten und fragen: „Könnte es nicht sein, dass Muhammad den Koran geschrieben hat?"

Wie es in einem Sprichwort so schön heißt: „Die Zunge hat keine Knochen!" Hierauf sage ich, dass es den Fanatikern an gesundem Menschenverstand fehlt. Ich will im Folgenden versuchen, anhand einiger Beispiele zu zeigen, dass der Koran unmöglich das Wort des Propheten Muhammad – Segen und Friede seien auf ihm – sein kann. In der Hoffnung, dass dieses Buch – so Gott will – jenen Skeptikern in die Hände fällt, sie es lesen, daraus Nutzen ziehen und zum wahren Glauben finden.

1. Beispiel

{*Gepriesen sei Der, der alles in Paaren erschaffen hat; von dem, was die Erde sprießen läßt, und von ihnen selber, und von dem, was sie nicht wissen.*}[18]

Allah der Erhabene, der jede Art von Lebewesen, seien es die Pflanzen, die Menschen oder die Tiere – von den Ameisen

---

18. Qur'ān, 36:36

bis zu den Elefanten – paarweise erschaffen hat, verkündet, über diese Tatsache hinaus, dass Er auch jene Daseinsformen in Paaren erschaffen hat, die den Menschen zu jener Zeit, als der Koran offenbart wurde, unbekannt waren.

Bis zur Erfindung des Mikroskops wußten die Menschen nichts von der unsichtbaren Welt der Kleinstlebewesen. Sie hatten keine Ahnung davon, dass ihre Münder, Nasen, ihre inneren Organe, ihre Zähne und ihre Haut von den unterschiedlichsten Arten von Mikroorganismen bevölkert sind. Doch Allah der Erhabene teilt uns mit, dass Er sie alle in Paaren erschaffen hat.

In einem Teelöffel Wasser leben Millionen von Mikroben. Sie alle verfügen über unterschiedliche Organe zur Nahrungsaufnahme und Verdauung, und sie besitzen die Fähigkeit, sich zu vermehren.

Und was ist mit anorganischer Materie?

Das kleinste Teilchen der Materie, das Atom, besteht aus dem Atomkern, der sich aus elektrisch positiv geladenen Protonen zusammensetzt, sowie negativ geladenen Elektronen, die den Atomkern umkreisen. Wie erhaben ist Allah der Allmächtige, der selbst die Bestandteile der Atome, der Grundbausteine der materiellen Welt, in Form von Protonen und Elektronen, und somit als positiv und negativ geladene Teilchen in Paaren erschaffen hat!

2. Beispiel

{*Und Wir haben den Himmel zu einer wohlbehüteten Decke gemacht.*}[19]

Allah, der Erhabene, schützt unsere Erde vor aus dem Weltall kommenden Meteoriten, indem Er ihn mit der Atmosphäre – einer aus farb-, geschmack- und geruchslosen Gasen umhüllt. Jedoch mit Licht- und Hitzefilter wirkenden unsichtbaren Schutzhülle umgibt.

---

19. Qur'ān, 21:32

Wenn Meteoriten, aus dem Weltall kommend, mit hoher Geschwindigkeit in die Erdatmosphäre eindringen, verglühen sie bei Temperaturen um 2000°C und werden dabei zu Gas und Staub.

Darüber hinaus absorbiert die Ozonschicht einen Großteil der gefährlichen ultravioletten Strahlung und schützt so die Erde vor gefährlichen Lichtstrahlen.

3. Beispiel

{*Er ließ beide Gewässer fließen und einander begegnen; zwischen beiden ist eine Trennung, die sie nicht überschreiten.*}[20]

Als deutsche Wissenschaftler die *Bāb al-Mandab* genannte Meerenge erforschten, an der der Golf von Aden und das Rote Meer aufeinander treffen, stellten sie fest, dass sich die Wasser des Indischen Ozeans und des Roten Meeres sich nicht miteinander vermischen.

---

20. Qur'ān, 55:19-20

Ebenso fand der französische Meeresforscher Jacques Cousteau während seiner Untersuchungen an der Meerenge von Gibraltar heraus, dass sich das Wasser des Atlantischen Ozeans und des Mittelmeeres nicht miteinander vermischen. Als er erfuhr, dass dies bereits vor 1400 Jahren im Koran verkündet wurde, soll er den Islam angenommen haben.[21]

4. Beispiel

{Und Er ist es, der die Nacht und den Tag, die Sonne und den Mond erschaffen hat; sie schweben jeder in einer eigenen Bahn.}[22]

Allah, der Herr der Welten, teilt uns mit, dass Er in der materiellen Welt, um das nötige Gleichgewicht herzustellen, Tag und Nacht erschaffen hat, indem Er die Erde sich um ihre eigene Achse drehen läßt. Ebenso

---

21. <u>Anm. d. Übersetzers:</u> Die Frage ob Jacques Cousteau den Islam angenommen hat oder nicht ist vielerorts heiß diskutiert worden. Und Gott weiß es am Besten!
22. Qur'ān, 21:33

war Er es, der der Sonne und dem Mond ihre himmlischen Umlaufbahnen zugewiesen hat.

Hätte jener Papst, der den Wissenschaftler Galileo vor das Inquisitionsgericht stellen ließ, als dieser sagte, „Die Erde dreht sich!", anstatt sich auf das verfälschte Evangelium zu verlassen, einige Kenntnisse des letzten Göttlichen Buches, des Heiligen Koran, besessen, hätte er den bedauernswerten Galileo wohl nicht exkommuniziert, vor die Inquisition gezerrt und ins Gefängnis werfen lassen, bis er erblindete.

5. Beispiel

{Jetzt (glaubst du)? Wo du doch zuvor ungehorsam warst und zu den Unheilstiftern zähltest? So wollen Wir heute deinen Körper retten, auf dass du für die, die nach dir kommen, ein Zeichen seiest.}[23]

Pharao – der blutrünstigste Tyrann seiner Zeit – hatte, als er dabei war, im Roten Meer

---
23. Qur'ān, 10:91-92

zu ertrinken, gerufen „Ich glaube, dass es keinen anderen Gott gibt als den Gott der Kinder Israel!". Doch sein Glaube war nicht angenommen worden und ihm wurde gesagt: „Jetzt glaubst du? Nun ist es zu spät, denn du hast dein Leben in Ungehorsam und Niedertracht verbracht. Um für die, die später kommen, ein Zeichen zu setzen, werden wir deinen leblosen Körper auf eine Anhöhe am Ufer des Meeres werfen!" Während Zehntausende Soldaten des Pharao zu Futter für die Fische des Roten Meeres wurden, wurde der Körper des Pharao, auf Befehl Allahs des Erhabenen hin, auf eine Anhöhe am Ufer geworfen.

Ohne dass irgend jemand dies gesehen, davon gewußt oder gehört hätte, steht dies im Koran.

Das wahre Göttliche Buch, der Koran, der weder Legenden noch Geschichten, noch Menschenworte oder Märchen enthält, teilt uns vor 1400 Jahren mit, dass sich der Körper des Pharao auf einem Hügel am Ufer des

Roten Meeres befindet, damit die Menschen, die später kommen, daraus eine Lehre ziehen.

3000 Jahre nachdem der Pharao im Meer ertrunken war, machten englische Forscher auf einer Expedition am Ufer des Roten Meeres eine überraschende Entdeckung. Auf einem Hügel am Ufer entdeckten sie eine männliche Leiche, die mit dem Gesicht nach unten lag und die – obwohl der Mann offensichtlich schon viele Jahre tot war – außerordentlich gut erhalten war. Weder das Fleisch, noch die Haare oder die Haut waren verwest.

Sie ließen den Leichnam sofort untersuchen und man kam zu dem Ergebnis, dass es sich um den Körper des Pharao handelte, der daraufhin nach London gebracht und dort im Britischen Museum ausgestellt wurde.

Wir könnten Hunderte, ja Tausende, ähnlicher Beispiele aus dem Koran anführen, doch wir wollen es dabei lassen und uns den

Beweisen zuwenden, die belegen, dass der Koran unmöglich vom Propheten Muhammad – Segen und Friede Allahs seien auf ihm – geschrieben worden sein kann.

DER KORAN WURDE NICHT VON MUHAMMAD GESCHRIEBEN
–ALLAH SEGNE IHN UND SCHENKE IHM FRIEDEN–

Der Prophet Muhammad – Segen und Friede seien auf ihm – wurde im sechsten Jahrhundert in der Stadt Mekka auf der arabischen Halbinsel geboren. Er wuchs zwischen unzivilisierten Menschen auf, die ein primitives Leben führten, und er lernte weder Lesen noch Schreiben. Wie kann man behaupten, der Koran sei sein Werk, und darauf bestehen, dass er von den folgenden Dingen Kenntnis gehabt hätte:

Pflanzen und Mikroorgonismen wurden in Paaren erschaffen.

Die Atmosphäre ist eine Art von Decke, die die Erde vor Meteoriten schützt.

Die Ozonschicht absorbiert die gefährlichen ultravioletten Strahlen und schützt damit die Erde.

Die Erde, die Sonne und der Mond bewegen sich in ihrer jeweiligen Umlaufbahn.

Das Wasser verschiedener Meere vermischt sich nicht.

Der Leichnam des Pharao, der vor den Augen des Propheten Mūsā [Moses] –Friede sei auf ihm – und der Kinder Israels im Roten Meer ertrunken sind, wird 1400 Jahre später am Ufer des Roten Meeres gefunden werden.

DIE SPIRITUELLEN MERKMALE DES KORAN
✷

Alle Bücher – selbst die spannendsten Novellen oder Geschichten – werden langweilig, wenn man sie immer und immer wieder liest. Dies gilt jedoch nicht für den Koran. Diejenigen, die den Koran rezitieren oder seiner Rezitation lauschen, sind nie gelangweilt. So finden es zum Beispiel Muslime, die ihre fünf täglichen Gebete verrichten, keineswegs langweilig, wenn sie dabei **jeden Tag** vierzig Mal die Sure *al-Fātiha* rezitieren. Im Gegenteil, sie finden darin geistige Zufriedenheit und inneren Frieden.

Wenn man den Koran nach den Regeln der arabischen Rezitation und Aussprache liest, vermehrt sich damit der göttliche Segen; man erfährt größere Zufriedenheit und noch mehr innere Befriedigung und Glück. Denn die Regeln der klassischen Koranrezitation [*tajwīd*] mit Namen wie *Mad*, *Izhar*, *Ikhfā*, *Idgham* und *Ghunna*, sowie die verschiedenen Unterbrechungs-Zeichen, gleichen spirituellen Noten, die eine korrekte Rezitation sowie die Einhaltung der natürlichen Rhythmen und Reime des Koran sicherstellen.

Wenn jemand den Koran sorgfältig und exakt entsprechend seinen spirituellen Noten und in seinem natürlichen Rhythmus vorträgt, erfahren auch die Zuhörer Glück und inneren Frieden; und die Engel der Barmherzigkeit gesellen sich zu ihnen.

Damit die Rezitation des Koran wirklich Früchte trägt, sollte man so genau und korrekt rezitieren wie möglich. Dazu gehört auch, den Koran im Original zu lesen, denn viele der arabischen Buchstaben besitzen kein exaktes Äquivalent in anderen Alphabeten. Dadurch kommt es bei der Rezitation nach Lautschrift unweigerlich zu Fehlern.

Dieses letzte Göttliche Buch sollte ständig gelesen und auswendig gelernt werden, um zu verhindern, dass es verfälscht wird und seine Authentizität verliert, wie dies mit früheren Büchern geschehen ist.

Während vor der Offenbarung des Koran nur die Propheten die Göttlichen Bücher auswendig kannten, bewahrten Tausende der Gefährten Muhammads – Allah segne ihn und schenke ihm Frieden – den Koran in ihren Herzen. Seit jenen Tagen, bis in unsere Zeit, hat sich diese Tradition des Auswendiglernens des Koran fortgesetzt, so dass es auf diesem Planeten immer viele Zehntausende gab – und noch immer gibt – die den Koran von Anfang bis Ende auswendig kennen.

Diejenigen Muslime unserer Tage, die den gesamten Koran nicht auswendig können, beherrschen zumindest die Sure *al-Fātiha* und einige andere Suren oder Verse, die sie im Gebet rezitieren und ihren Kindern weitergeben können.

Unser geliebter Prophet – Segen und Friede seien auf ihm – sagte: „Die Vortrefflichsten unter euch sind diejenigen, die den Koran lernen und andere darin unterrichten!" Und er sagte ebenfalls: „Wer einen Buchstaben des Koran rezitiert, wird dafür zehnfachen Lohn erhalten!" Die *Basmala*[24] besteht aus neunzehn Buchstaben. Wer also die *Basmala* einmal rezitiert, erhält 190 Einheiten göttlichen Lohns, wer sie zehn Mal liest, erhält 1900.

Wenn unsere Kinder beim Auswendiglernen des Koran Millionen von Einheiten göttlichen Lohns empfangen, indem sie die Verse und Seiten ständig wiederholen, dann mehrt dies zweifellos ihr spirituelles Glück und bringt ihren Seelen Frieden. Ihre Gesichter erstrahlen vor Licht. Im Kreise ihrer Freunde kann man sie deutlich von anderen

---

24. *Basmala*: die Worte *Bismillāhi r-Rahmāni r-Rahīm*, zu deutsch: "Im Namen Allahs, des Allgnädigen, des Allbarmherzigen". Mit diesen Wor-ten beginnt der gläubige Muslim jede Rezitation des Qur'ān und fast alle alltäglichen Handlungen, damit diese gottgefällig und gesegnet seien.

unterscheiden und erkennt sie als heitere, ruhige und vertrauenswürdige Wesen.

DIE ISLAMISCHE ZIVILISATION
✱

In vorislamischer Zeit bestand die Bevölkerung von Mekka im Allgemeinen aus Analphabeten, die ein primitives Leben als Götzenanbeter führten. Sie aßen das Fleisch verendeter Tiere, tranken das Blut von Schlachttieren und waren vielfach dem Alkoholgenuss verfallen.

Sie kannten weder Toiletten noch Hygiene, schnitten sich nicht die Nägel und trugen aus Hochmut Gewänder, die so lang waren, dass sie über den Boden schleiften.

Sie waren so unmenschlich, dass sie ihre ungewollten Töchter bei lebendigem Leibe in vorher ausgehobenen Löchern begruben, ohne deren Wehklagen Beachtung zu schenken.

Als dem Propheten Muhammad – Allah segne ihn und schenke ihm Frieden – auf dem Berg *Jabal al-Nūr* die erste Offenbarung zuteil wurde, begann er zu zittern und auf seiner Stirn erschienen Schweißtropfen, die aussahen wie glitzernde Perlen.

Der für die gesamte Menschheit gesandte letzte Prophet mußte zunächst in Mekka ganz von vorne anfangen, denn den Bewohnern dieser Stadt war zuvor noch kein Prophet gekommen.

Er hatte sich die Aufgabe des Prophetentums nicht selbst ausgesucht, sondern es wurde ihm auferlegt, diese Berufung anzunehmen.

Er begann damit, seine geliebte Ehefrau Khadīja zu lehren. Dann folgten Abū Bakr, ʿAlī, Zayd, ʿUthmān, ʿAbd al-Rahmān, Talhā, Saʿd und Zubayr, bis Muhammad – der Allahs Segen und Sein Friede seien auf ihm und seinen Gefährten – eine kleine, an zwei

Händen abzuzählende Gemeinde um sich geschart hatte.

Der Prophet – Segen und Friede Allahs seien auf ihm – lud die halbwilden Götzenanbeter zum Glauben an den **einen Gott** ein und warnte sie vor der Strafe des Höllenfeuers. Er glich dabei einem Lamm, der sich selbst größter Gefahr aussetzt, um die Wölfe vor den herannahenden Jägern zu warnen.

Er hatte keine andere Wahl, als sich mit aller Kraft zu bemühen, die Menschen zu warnen. Denn im Innern brannte sein Herz und rief in einem fort *„Yā ummatī! Yā ummatī!"*[25] Seine Seele wollte nicht zulassen, dass die Mitglieder seiner Gemeinde von den strafenden Engeln in die Hölle geworfen wurden.

Und selbst jene grausamen Menschen, die zuvor ihre eigenen Töchter bei lebendigem

---

25. *„O meine Gemeinde!"*

Leibe begraben hatten, wandelten sich zu beispielhaften, beinahe engelsgleichen Vorbildern edlen Charakters, nachdem sie den Geschmack wahren Glaubens kennen gelernt und die segensreiche Gegenwart des Propheten Muhammads erfahren hatten.

Sie nahmen den Islam mit Leichtigkeit an und wurden zu vorzüglichen Beispielen für all jene, die es verabscheuten, weiterhin als Götzendiener zu leben. Der Islam begann, sich nicht nur in Mekka, sondern auch außerhalb, unter den Stämmen der Umgebung und in Medina, zu verbreiten.

DIE ERSTE SOZIALE VERPFLICHTUNG EINES ISLAMISCHEN STAATES: ERRICHTUNG EINER MOSCHEE
*

Die Auswanderung des Propheten Muhammad – Allahs Segen und Friede seien auf ihm und seinen Gefährten – und der mekkanischen Muslime nach Medina, kennzeichnet den Auftakt eines neuen Zeitalters und stellt zugleich die Gründung des ersten islamischen Staates dar. Vor der Ankunft des Propheten hatten die Muslime von Medina ihre Gebete in einzelnen kleineren Gruppen verrichtet. Doch nachdem nun der Prophet unter ihnen weilte, wollten sie alle gemeinsam mit ihm beten, so dass es notwendig wurde, einen festen Platz für das gemeinsame Gebet [*masjid*] einzurichten. Der

Prophet beriet sich mit seinen Gefährten, sie wählten einen Ort aus und begannen sogleich mit dem Bau einer Moschee.

Unser Prophet – Allah segne ihn und schenke ihm Frieden – begann selbst beim Bau der Moschee Hand anzulegen und führte damit zugleich eine historische Neuerung ein. Zu jener Zeit war es allgemein üblich, dass alle schweren Tätigkeiten – wie Fundamente setzen, das Mischen von Mörtel, Steineschleppen und ähnliche anstrengende Arbeiten – Aufgabe der Sklaven war. Dabei pflegten die Besitzer der Sklaven im Schatten zu sitzen und die Arbeiten zu beaufsichtigen.

Muhammad – Segen und Friede seien auf ihm – hingegen nahm, obwohl er der Prophet und ihrer aller Führer war, einen Spaten in die Hand und begann, gemeinsam mit den Sklaven, zu arbeiten. Zuerst waren die Gefährten überrascht, doch dann begannen sie, seinem Beispiel zu folgen und arbeiteten Seite an Seite mit den Sklaven.

Erst wenn wir uns einmal vor Augen halten, wie viel rassistische oder religiöse Diskriminierung heutzutage, im 21. Jahrhundert, vielerorts herrscht, können wir die große Bedeutung dieser Lektion zum Thema Gleichheit erkennen, die der Prophet Muhammad den Menschen vor über 1400 Jahren erteilte.

Die von den vortrefflichsten Menschen dieser Welt –dem Propheten Muhammad und seinen Gefährten – errichtete Moschee wurde auf diese Weise in kurzer Zeit fertig gestellt und für den Gottesdienst eröffnet. Die Muslime verrichteten darin ihre fünf täglichen Gebete und nahmen voller Enthusiasmus an den sich häufig daran anschließenden lehrreichen Zusammenkünften mit dem Propheten teil.

Die Moschee wurde dabei zum wichtigsten Platz für all ihre sozialen Aktivitäten. Über ihre Hauptaufgabe hinaus, als Versammlungsort für die fünf täglichen Gebete zu dienen, entwickelte sich die Moschee zu einem Ort der

Wissensvermittlung und Kultur und wurde so zu einem Symbol für Zusammenarbeit, Einigkeit und einen Geist der Gemeinsamkeit.

Während bei den in Mekka offenbarten Koranversen vor allem der Glaube im Vordergrund gestanden hatte, wurden nun in Medina viele Verse offenbart, welche die Regeln und Gesetze des Islam betrafen und sogleich an Ort und Stelle in die Praxis umgesetzt wurden.

Die Gefährten, die nun spirituell gereift und durch ihr Zusammensein mit dem Gesandten Allahs – Segen und Friede seien auf ihm – innerlich von ihren Sünden und schlechten Angewohnheiten geläutert waren, entwickelten auch auf dem Gebiet der äußeren Reinlichkeit einen Standard, der sie zu den höchstzivilisierten Menschen der Welt machte.

In der vorislamischen Zeit hatten sie sich oft wochenlang nicht gewaschen, so dass ihre eigentliche Hautfarbe vor Schweiß und Schmutz kaum noch erkennbar und ihr Körpergeruch unerträglich gewesen war. Nachdem ihnen der Islam das Vollbad [*ghusl*] zur Pflicht gemacht hatte, badeten sie nun häufig und begannen, angenehm zu riechen.

Bei den Waschungen [*wudū'*] für die fünf täglichen Gebete wuschen sie ihre Hände, Arme, Gesichter und Füsse, wuschen mit nassen Händen über den Kopf und spülten Mund und Nase mit reichlich Wasser aus.

Durch dieses nirgendwo sonst auf der Welt bekannte System regelmäßiger Waschungen wurden die Muslime in der Tat zum reinlichsten und zivilisiertesten Volk dieser Erde.

Zusätzlich verwendeten sie bei jeder der Waschungen das *Miswak* genannte, mit vielen medizinisch förderlichen Eigenschaften versehene Zahnholz, das wie eine Zahnbürste zur Reinigung der Zähne verwendet wird und deren Verfall und anderen Krankheiten im oralen Bereich vorbeugt. Auch hier waren die Muslime die ersten, die ein System der Zahn- und Mundpflege einführten – ein weiterer Beleg für die große Bedeutung, die der Islam den Themen Hygiene und Gesundheit beimißt.

Der Prophet Muhammad – Allahs Segen und Friede seien auf ihm – rief die Muslime dazu auf, sauber zu sein, indem er sagte: „Die Sauberkeit ist ein Teil des Glaubens!" Er empfahl ihnen, sich vor und nach dem Essen die Hände zu waschen, ihre Fingernägel zu schneiden, ihre Scham- und Achselhaare zu entfernen, nicht auf die Straße zu spucken und keine Gerichte zu essen, die stark nach Zwiebeln oder Knoblauch rochen, bevor sie die Moschee besuchten.

Er legte ebenso großen Wert auf äußere Reinlichkeit wie auf spirituelle Reinheit. So sagte er – Segen und Friede seien auf ihm: „Der Glaube hat siebzig Abstufungen, von denen die höchste das Bekenntnis ist, dass es keine Gottheit außer Allah gibt, und die niedrigste darin besteht, einen Gegenstand von der Straße zu entfernen, der jemandem Schaden zufügen könnte." Damit führte er eine weitere richtungweisende Neuerung ein: Die freiwillige Reinhaltung der Umwelt. Und, in der Tat, die Straßen und Gassen Medinas waren daraufhin so sauber wie sonst nirgends.

Der Bevölkerungsanteil derer, die Lesen und Schreiben konnten, war in Medina noch geringer als in Mekka. Die Menschen hatten kein Bedürfnis danach gehabt, diese Fähigkeiten zu erlernen, da sie kaum Handel trieben. Auch hatten sie bis zu jener Zeit wenig Interesse an der in Mekka viel stärker verbreiteten Dichtkunst gezeigt.

Mit der Ankunft des Propheten und der Verkündung des Koran wurde das Lesen und Schreiben für sie zu einer Notwendigkeit. Als im Verlauf der Schlacht von *Badr* im zweiten Jahr nach der *Hijra* siebzig mekkanische Götzenanbeter gefangen genommen wurden, bot ihnen der Prophet an, jeden von ihnen freizulassen, der zehn jungen Medinensern das Lesen und Schreiben beibrächte. Um möglichst schnell freigelassen zu werden, bemühten sich diese Kriegsgefangenen umso mehr und jeder lehrte innerhalb kürzester Zeit zehn jungen Leuten aus Medina das Lesen und Schreiben. Diese lehrten wiederum andere Jugendliche, so dass nach kurzer Zeit alle jungen Leute Medinas lesen und schreiben konnten.

Als die Koranverse bezüglich der Verteilung des Erbes offenbart wurden, waren neben den Fähigkeiten des Lesens und Schreibens auch mathematische Kenntnisse notwendig geworden. Denn im Koran werden den Erben, entsprechend ihrem Verwandtschaftsgrad, zum Beispiel die Hälfte, ein Viertel, ein Achtel, zwei Drittel, ein Drittel oder ein Sechstel zuerkannt. Die praktische Umsetzung dieser Verse erfordert Kenntnisse der Mathematik, so dass die Menschen, die in vorislamischer Zeit Analphabeten gewesen waren, nun rasch die vier Grundrechenarten erlernten und damit fähig wurden, selbst die schwierigsten Probleme des islamischen Erbrechts zu lösen.

Im Islam hängen die Zeiten der Gebete, des Fastens, die Berechnung der Pflichtabgabe [*zakāt*] und die Zeit der Pilgerfahrt von den Bewegungen der Sonne und des Mondes ab. Darüber hinaus gilt das Nachsinnen über die Schöpfung von Himmel und Erde als eine lobenswerte Form des Gottesdienstes. Aufgrund dessen begannen die Muslime sich für die Wissenschaft der Astronomie zu interessieren.

Um den Beginn des Fastenmonats, den Zeitpunkt der Pilgerfahrt und der Pflichtabgabe, sowie die Feiertage festzulegen, war es notwendig, den Mond zu beobachten, um so den möglichen Termin für die Sichtung des Neumondes [*hilāl*] zu errechnen.

Die Bestimmung der vom Sonnenstand abhängigen täglichen Gebetszeiten hingegen setzte voraus, dass man die Sonne und ihren Schatten – vom Sonnenaufgang bis zu ihrem Untergang – beobachtete.

Dies führte dazu, daß die Muslime verschiedene Arten von Sonnen- und anderen Uhren erfanden – bis hin zu einer Uhr, die durch Läuten die Zeit anzeigte. Als der abbasidische Kalif Hārūn Raschīd Kaiser Karl dem Großen eine solche Wanduhr als Geschenk schickte und diese zur eingestellten Zeit zu läuten begann, liefen der Kaiser und seine Höflinge erst einmal – in dem Glauben die Uhr sei von bösen Geistern besessen – davon.

Die Entrichtung der *Zakāt* [Pflichtabgabe] stellt für die Muslime eine Verpflichtung dar, die als Grundlage der gegenseitigen finanziellen Unterstützung und des gesellschaftlichen Zusammenhaltes dient. Darüber hinaus stärken verschiedene weitere

Formen der Wohltätigkeit – wie die Abgaben auf landwirtschaftliche Erzeugnisse ['uschr] und die Abgabe zum Fest des Fastenbrechens [zakāt al-fitr], Schlachtopfer am Opferfest und infolge von Gelübden, Zahlungen als Wiedergutmachung für gebrochene Schwüre oder verpaßte Fastentage, sowie freiwillige Spenden – die wechselseitige materielle Hilfsbereitschaft und das gesellschaftliche Zusammengehörigkeitsgefühl. So sagte der Prophet – Allah segne ihn und schenke ihm Frieden: „Jemand, der Schlafen geht, während sein Nachbar hungrig ist, gehört nicht zu uns!" Damit sorgte er dafür, dass jeder ein Dach über den Kopf und etwas zu essen hatte.

Dabei waren diese Hilfsbereitschaft und dieses Zusammengehörigkeitsgefühl der Muslime in keiner Weise gekünstelt, sondern ein solches Verhalten entsprach ihrem aufrichtigen Empfinden. Wenn sie einander auf der Straße begegneten, begrüßten sie sich mit dem ehrlichen Wunsch: „Friede sei mit

Euch!" [*as-salāmu 'alaykum*] und schüttelten einander die Hände. Sie besuchten die Kranken, standen denen bei, die in Schwierigkeiten waren und unterstützten Witwen und Waisen in jeder erdenklichen Art und Weise.

Die Prophetengefährten von den verschiedenen Stämmen der *Quraysch*, der *Aus* und der *Khazraj* verrichteten gemeinsam ihre Gebete, saßen miteinander in den Versammlungen und aßen allesamt zusammen mit jenen Gefährten, die vor nicht allzu langer Zeit noch Sklaven gewesen waren.

DIE MENSCHENRECHTE UND DER ISLAM
✶

Die arabische Halbinsel

Vor dem Islam existierte auf der arabischen Halbinsel keine zentrale staatliche Autorität. Jeder der vielen autonomen Stämme lebte nach eigenen Regeln – entsprechend überkommenen Gebräuchen und Traditionen – gehorchte seinen eigenen Stammesführern und betete seine eigenen Gottheiten an. Keiner durfte sich den jeweils herrschenden Gebräuchen widersetzen, die Anordnungen der Stammesführer mißachten oder eine andere Gottheit als die seines Stammes anbeten.

Die Frauen waren in Fragen von Eheschließung oder Scheidung vollkommen rechtlos. Sie waren gezwungen, den für sie von ihren Vätern oder Vormündern ausgesuchten

Mann zu heiraten und mit ihm zu leben. Sie besaßen weder ein Anrecht auf eigenes Vermögen noch ein Anteil am Erbe und waren zum Betteln gezwungen, wenn ihr Mann oder ihr Vater verstarb.

Die Sklaven wurden ständig mißhandelt, beschimpft und gedemütigt, während sie ohne ausreichende Nahrung und halbnackt die schwersten Arbeiten verrichten mußten. Wenn sie sich wehrten, drohte ihnen der Tod.

Während die Stammesfürsten sich mit Alkohol und Sklavinnen vergnügten, mußten die einfachen Leute äusserst hart arbeiten, um zu überleben – wobei sie einen Großteil ihrer Einkünfte an die Stammesführer abzuliefern hatten.

Der Osten

In China wurde Konfuzius, in Indien Buddha und in Persien wurden Zarathustra und Jamschid vergöttert und man errichtete ihnen Statuen.

Als ob das noch nicht genügte, erklärten die Inder die Kühe und den Ganges, die Perser den See von Sawa sowie das Feuer für heilig; später fingen sie sogar an, das Feuer anzubeten.

Zwischen den Menschen herrschten erschreckende Klassenunterschiede: Die Tyrannen ließen sich als Unsterbliche verehren, die Fürsten, Adligen, Wohlhabenden und Priester standen als Mitglieder der oberen Kasten über dem Gesetz. Die bedauernswerte einfache Bevölkerung hingegen wurde unterdrückt, ausgebeutet und erniedrigt. Frauen wurden als reine Sexualobjekte zur Befriedigung der Männer angesehen. Die Sklaven wurden mißhandelt, zu harter Arbeit gezwungen und zusammen mit den Tieren in deren Ställe gepfercht.

Durch überhöhte ausbeuterische Steuern mußten die Armen für die Verschwendungssucht der Herrscher zahlen; wer sich weigerte diese Steuern zu zahlen oder nicht zahlen konnte, wurde in den Kerker geworfen.

Der Westen

Der Westen unterschied sich vom Osten im Hinblick auf den Glauben. Hier nannten sich die Menschen Christen. Doch in Wirklichkeit durchlebten sie gerade das dunkelste Kapitel ihrer Geschichte.

Während das Volk ungewaschen, schmutzig und in verlausten Lumpen hungrig und krank umherlief und die Kinder zuhause vor Hunger nach einem Stück Brot schrien und weinten, führten Könige und Fürsten in ihren Palästen und Schlössern, ebenso wie der Papst und die Bischöfe in ihren Residenzen und Kathedralen, ein Leben in Luxus und Überfluß. Um ihren verschwenderischen Lebenswandel zu finanzieren, zwangen die Priester die Leute, in die Kirchen zu kommen, sich gegen Bezahlung die Beichte abnehmen zu lassen und Ablaßzettel zur Vergebung ihrer Sünden zu erwerben. Selbst Könige und Fürsten wurden mit der Exkommunikation bedroht, doch den einfachen Leuten blieb nichts anderes übrig, als zur Kirche zu gehen, zu beichten und den Priestern all ihre mageren Einkünfte auszuhändigen, um dann mit leeren Händen nach Hause zu gehen. Doch auch das genügte den Priestern noch nicht, so dass sie schließlich sogar begannen, den Reichen Grundstücke im Paradies zu verkaufen, um sich so an der Furcht der Menschen noch mehr zu bereichern.

Und die Frauen? Oder die Sklaven? Sie wurden im Westen sogar noch schlechter behandelt. Ein Teil der Sklaven mußte ohne ausreichende Nahrung und halbnackt Schwerstarbeit verrichten, während andere unter Peitschenschlägen auf Schiffen als Galeerensklaven gehalten wurden.

Das Christentum, das ursprünglich eine wahre Religion gewesen war, hatte traurigerweise innerhalb kurzer Zeit seine

Daseinsberechtigung verspielt und sich in ein williges Werkzeug der Repression und Ausbeutung verwandelt. Aus diesem Grunde war das Christentum nicht mehr in der Lage, Segen spendend für die Menschen zu wirken – es war vielmehr selbst zu einer der Hauptursachen der Unterdrückung, Ausplünderung und Verarmung der Massen geworden.

In diesem Zusammenhang schreibt der Historiker John W. Drapper:

„Das Europa jener Tage war barbarisch. Das Christentum brachte den Menschen keine Zivilisation. Erst die Muslime Spaniens lehrten sie, sich zu waschen, ihre verlausten Felle abzulegen und saubere Kleider anzuziehen, ihre Nägel zu schneiden und Toiletten zu bauen."

IST DER ISLAM EINE RELIGION DES SCHWERTES – ODER GILT DIES FÜR DAS CHRISTENTUM?

✱

Nein! Weder der Islam noch das Christentum sind Religionen des Schwertes. Denn es gibt keinen Zwang in der Religion. Wenn der Glaube jedoch auf Irrwege gerät und Geschäftemachern in die Hände fällt, die ihn als Werkzeug der Ausbeutung und Unterdrückung nutzen, verwandelt sie sich in eine Religion des Schwertes.

Dass Allah, der Erhabene, den Propheten Muhammad – Segen und Friede seien auf ihm – damit betraut hat, Sein letzter Gesandter zu sein, ist ein deutliches Indiz dafür, dass der Islam keine Religion des Schwertes ist.

Bereits vor seiner Geburt hatte der Prophet Muhammad seinen Vater verloren. Als er sechs Jahre alt war, verstarb seine Mutter, als er acht war, sein Großvater, so dass er schließlich als Waise unter der Obhut seines Onkels und seiner Tante aufwuchs.

Er war eine ruhige, stille, höfliche und äußerst sanfte Persönlichkeit. Als er auf dem Berge *Jabal al-Nūr* erfuhr, dass ihm das Prophetentum zuteil geworden war, erfreute ihn dies nicht. Im Gegenteil: Ihn schauderte und er begann heftig zu zittern. Doch ob er Prophet sein wollte, spielte nicht wirklich eine Rolle! Es war ihm bestimmt, der letzte, für die gesamte Menschheit gesandte Prophet zu sein, seine Mission in Mekka zu beginnen und dabei mit Nichts anzufangen.

Er begann seine Verkündigung bei seiner geliebten Ehefrau Khadīja, die zur ersten 'Mutter der Gläubigen' werden sollte – möge Allah mit ihr zufrieden sein. Dann nahmen Abū Bakr, ʿAlī, Zayd, ʿUthmān, ʿAbd al-

Raḥmān, Ṭalḥā, Saʿd und Zubayr den Glauben an, so dass die erste Gemeinde aus einer Frau und acht Männern bestand.

In den schwersten Tagen des Propheten – Allah segne ihn und schenke ihm Frieden – machten sie, die als Erste den Glauben angenommen hatten und Muslime geworden waren, den Kern des Kreises seiner Gefährten aus. Möge Allah mit ihnen allen zufrieden sein!

Anfangs verkündete der Prophet seine Botschaft im Geheimen. Als er dann den göttlichen Befehl zur öffentlichen Verkündigung bekam, begann er offen zu predigen, woraufhin es in Mekka zu Tumulten kam.

Die Mächtigen der Stadt griffen ihn heftig an, um ihre eigene, mit den Götzen und dem Götzendienst verbundene, Machtstellung und Herrschaft zu sichern. Sie begannen ihn zu verunglimpfen und diejenigen, die neu zum

Islam gekommen waren, zu quälen. Doch der Baum des Islam, den der Prophet – Segen und Friede seien auf ihm – gepflanzt hatte, schlug Wurzeln, wuchs heran und begann schon bald Früchte zu tragen.

Obwohl die Herrscher Mekkas ihren Druck verstärkten, wuchs die Zahl der Muslime ständig und der Islam breitete sich auch unter den Stämmen außerhalb Mekkas aus. Sechs der Bewohner Medinas trafen sich in 'Aqaba mit dem Propheten und wurden Muslime, worauf der Islam sich auch in Medina verbreitete. Schon bald hatte der überwiegende Teil der dortigen Bevölkerung den Islam angenommen und sie luden den Propheten ein, sich bei ihnen niederzulassen. Muhammad – Allah segne ihn und schenke ihm Frieden – nahm die Einladung an, und mit der Auswanderung von Mekka nach Medina begann eine neue Epoche.

In diesem neuen Zeitalter wandelte sich die Gemeinde der Muslime zu einem Staatswesen – dem ersten islamischen Staat.

Dreizehn Jahre nachdem der ehrwürdige Prophet in Mekka mit Khadīja bei Null angefangen hatte, begann nun, nachdem er sich in Medina niedergelassen und einen islamischen Staat gegründet hatte, eine neue Ära.

Während all der Jahre hatte der Prophet niemals ein Schwert in die Hand genommen – nicht einmal eine Nadel. All jene, die zum Islam gekommen waren, hatten diesen Schritt aus freien Willen unternommen.

Eine Unabhängigkeitserklärung oder die Gründung eines Staates zu verkünden ist nicht allzu schwer. Viel wichtiger und zugleich schwieriger ist es, diesen einmal gegründeten Staat am Leben und seine Unabhängigkeit aufrecht zu erhalten. Das Überleben dieses in einer kleinen Ortschaft auf der arabischen

Halbinsel neu gegründeten islamischen Staates zu sichern und seine Unabhängigkeit zu bewahren, war in der Tat mit erheblichen Schwierigkeiten verbunden.

Der islamische Staat war auf der einen Seite von den, dem Islam feindlich gesinnten, jüdischen Stämmen der *Banū Nadīr*, der *Banū Qurazya* und der *Banū Qaynuqa* umgeben. Auf der anderen Seite war er umzingelt von feindseligen heidnischen arabischen Stämmen unter Führung der Götzenanbeter von Mekka.

Schon bald begannen die benachbarten Stämme der Gegend, in der Umgebung von Medina Überfälle zu verüben. Sie raubten Vieh und entführten sogar Menschen, um sie anschließend als Sklaven zu verkaufen.

Um das Überleben des neu gegründeten islamischen Staates zu sichern und seine Unabhängigkeit zu wahren, wurde es notwendig, zuerst in und um Medina, dann auf der gesamten arabischen Halbinsel, für Frieden und Sicherheit zu sorgen.

Allah der Erhabene sagt:

{*Es gibt keinen Zwang in der Religion!*}[26]

Ja, in der Religion gibt es keinen Zwang! Man kann Menschen nicht mit dem Schwert, das heißt, durch Druck, Drohungen oder Zwang zum Islam bringen. Wenn es jedoch darum geht, die Sicherheit und Unversehrtheit von Leib und Leben zu verteidigen und die eigene Souveränität zu wahren, ist es zulässig, Krieg zu führen. In diesem Fall wird es sogar zur obersten Priorität eines jeden Staates.

Nachdem es den mekkanischen Götzenanbetern in den beiden Schlachten von *Badr* und *Uhud* nicht gelang, die Muslime zu besiegen, kamen die Juden und die Götzenanbeter im fünften Jahr nach der *Hijra* überein und stellten eine gemeinsame Armee von 10.000 Mann unter Führung von Abū

---

26. Qur'ān, 2:256

Sufyān auf, um gegen Medina zu ziehen. Ihr Ziel war, den Propheten Muhammad – Allah segne ihn und schenke ihm Frieden – und alle Muslime zu töten, so dass kein Muslim mehr auf der Welt übrig bliebe.

Die Muslime gruben an den ungeschützten Seiten der Stadt einen Graben und hinderten zusätzlich mit einer defensiven Verteidigungsstrategie durch Einsatz von Pfeilen und Steinschleudern die Angreifer daran, diesen Graben zu überqueren.

Es war Winter und das Wetter war bitterkalt. Außerdem neigten sich die Vorräte der Muslime dem Ende zu. Doch je länger sich die Auseinandersetzungen hinzogen, desto enttäuschter wurden die Götzenanbeter. Sie versuchten vergeblich, den Graben zu überqueren und verschossen Tausende von Pfeilen, ohne ihrem Ziel auch nur im Geringsten näher zu kommen. Zur Zeit des Nachmittagsgebets an jenem Tage, der der letzte dieses Krieges werden sollte, kam der

Erzengel *Jibrīl* zum Propheten – der Friede Allahs sei auf ihnen beiden – und informierte die Muslime, dass sich die Götzenanbeter bald – entmutigt von einem gewaltigen Sturm – geschlagen geben und abziehen würden und dass dies ihr letzter Angriff auf Medina gewesen sei.

Am Abend kam tatsächlich, mit fürchterlichem Getöse, ein immer heftiger werdender Sandsturm über die auf der anderen Seite des Grabens kampierenden Mekkaner. Der Sturm ließ ihre Zelte davonfliegen, warf ihre Kochtöpfe um und löschte die Feuer, auf denen sie ihr Fleisch kochten, während sich ihre Pferde und Kamele, rasend vor Schmerz durch die Sandkörner in ihren Augen und Nüstern, losrissen und auf ihre Halter losgingen. Auch den Götzenanbetern brannten die Augen so stark, dass sie einander nicht mehr sehen konnten.

Mit einbrechender Dunkelheit kamen die Engel den Muslimen zu Hilfe und riefen mit Stimmen, die den Feinden lauter als jedes Donnergrollen in den Ohren klangen, vom Himmel her *„Allāhu akbar!"* Die Götzenanbeter wurden fast verrückt vor Angst und traten, geschlagen und besiegt, den Rückzug an.

Die Grabenschlacht war die letzte Verteidigungsschlacht der Muslime in Medina. Danach begann eine Phase der Eroberungen. Der islamische Staat dehnte sich aus und das ihm von Allah bestimmte Zeitalter der Siege und Eroberungen brach an.

Die Niederlage eines Heeres von 10.000 Mann gegen die Muslime während der Grabenschlacht war zugleich eine wichtige Botschaft an alle anderen Feinde des Islam. Tatsächlich war dies wohl die Art von Botschaft, die die Stämme der Wüstenaraber am besten verstanden.

So fingen auch sie auf einmal an, sich für den Islam zu interessieren. Sie sandten

Komitees nach Medina, um sich über den Islam zu informieren, und nach und nach wurden sie zu Muslimen.

Die Einnahme Mekkas

Der mit Sicherheit wichtigste Sieg zu Lebzeiten des Propheten Muhammad – Allahs Segen und Friede seien auf ihm – war jedoch die Einnahme Mekkas. Denn Mekka war zum einen die Stadt der Ka'ba, zum anderen das politische Zentrum all jener Stämme, die dem Islam feindlich gesinnt waren. Die Ereignisse (im Jahr vor der Geburt des Propheten) um den vergeblichen Versuch des jemenitischen Feldherrn Abraha, mit seinem Heer mit Elefanten die Ka'ba zu zerstören, hatten die Bedeutung Mekkas und der Ka'ba überall deutlich gemacht. Viele glaubten sogar, dass eine muslimische Armee beim Versuch Mekka einzunehmen vom gleichen Schicksal ereilt werden würde, wie die Truppen Abrahas, die damals der völligen Vernichtung anheim gefallen waren.

Eine Einnahme Mekkas aber bedeutete die Einnahme der gesamten arabischen Halbinsel, und die Annahme des Islam durch die Bewohner Mekkas bedeutete die Islamisierung ganz Arabiens.

Im achten Jahr nach der *Hijra* umzingelte der Prophet – Allah segne ihn und schenke ihm Frieden – die Stadt Mekka mit einem Freiwilligenheer von 10.000 Mann. Bevor sie nach Mekka aufgebrochen waren, hatte der Prophet seinen Kommandeuren eingeschärft: „Ihr sollt, solange ihr nicht angegriffen werdet, auf keinen Fall irgend jemanden angreifen, und ihr sollt euch bemühen, mit allen Mitteln Blutvergießen zu vermeiden!"

Außerdem hatte er eine Botschaft an die Bewohner Mekkas gesandt, in der er all jenen Sicherheit garantierte, die keinen Widerstand leisteten und sich entweder im heiligen Bezirk der Ka'ba, im Hause Abū Sufyāns, in ihren eigenen Häuser aufhielten oder ohne Waffen angetroffen würden.

Die Götzenanbeter Mekkas erwarteten, dass Muhammad – Segen und Friede seien auf ihm – und die Muslime Rache für die jahrelang erduldete Unterdrückung, die Angriffe und die Folter nehmen und bei einem Einmarsch die Schwerter in ihrem Blut tränken würden. Sie zitterten vor Furcht und sahen bereits ihr Ende vor Augen.

Doch als die Einnahme Mekkas mit Rufen von *„Allāhu akbar!"* nach kurzer Zeit unblutig beendet war, stellte sich der Prophet – Allah segne ihn und schenke ihm Frieden – an die Türe der Ka'ba und rief den Bewohnern Mekkas zu: „Dies ist kein Tag der Vorwürfe für das, was gewesen ist! Sorgt euch nicht, ihr seid frei und könnt gehen!"

Auf einmal traten vielen Mekkanern die Tränen in die Augen. Plötzlich bereuten sie, dass sie den Islam und den Propheten verunglimpft und bekämpft hatten und machten sich selbst Vorhaltungen. Dann kamen sie nach und nach in kleinen Gruppen herbei und nahmen den Islam an.

Der ehrwürdige Prophet machte den Götzenanbetern Mekkas, die bis dahin die erbittertesten Feinde des Islam gewesen waren, keinerlei Vorwürfe für ihre Untaten und bestrafte sie auch nicht. Stattdessen amnestierte er sie. Sie begannen, ohne zu zögern den Islam anzunehmen.

Dies ist ein weiterer Beleg für den erhabenen Charakter des Propheten Muhammad – auf ihm seien Allahs Segen und Frieden – und verdeutlicht zugleich die Essenz des Islam; und es ist ein klarer Beweis dafür, dass der Islam keine Religion des Schwertes ist!

Das Mittelalter war eine Zeit, in der dunkle Wolken den Himmel bedeckten und die Erde von Aufruhr und fürchterlichen Ausschreitungen beherrscht war. Die Menschen waren ohne Hoffnung, die Herzen voller Verzweiflung und ihre Seelen konnten keinen Frieden finden. Die Unterdrückten, Ausgebeuteten und Erniedrigten sehnten sich nach einem Retter, denn auch sie waren Menschen und besaßen ein Anrecht auf ein menschenwürdiges Leben.

Wann jedoch die Zeit dafür reif sein würde, unterlag einzig und allein der Bestimmung Allahs, des Erhabenen!

Die Heere des Islam kamen diesen Menschen zu Hilfe und befreiten sie von der Unterdrückung der Tyrannen. Jene, die anfänglich für ihre tyrannischen Herrscher und gegen die Armeen der Muslime gekämpft hatten, weil sie diese als Besatzungsmacht ansahen, waren überrascht, als sie den Islam, die Lebensweise der Muslime und deren Charakter näher kennen lernten. Im Islam gab es keine Diskriminierung aufgrund von Abstammung, Hautfarbe oder Sprache, keine Unterschiede zwischen arm und reich, Arbeiter und Brotgeber, Sklave und Herrn.

Der Adlige vom Stamme der *Quraysch* saß Seite an Seite mit dem Sklaven, aß zusammen mit ihm und verrichtete neben ihm in der gleichen Reihe das Gebet.

Die Muslime beuteten die Bewohner eroberter Gebiete nicht aus und versklavten sie nicht. Stattdessen hoben sie die von den Tyrannen erhobenen erdrückenden Steuern auf und ersetzten sie durch eine einzige, äußerst geringe, *Jizyā* genannte, Steuer.

Gemäß dem göttlichen Befehl Allahs {***Es gibt keinen Zwang in der Religion!***}[27] wurde niemand mit Zwang zum Islam bekehrt. Doch nachdem sie den Islam näher kennen gelernt und darin all das gefunden hatten, was sie lange vermißt und gesucht hatten, wurden viele Menschen, oft ganze Bevölkerungsgruppen, aus eigener freier Entscheidung zu Muslimen. Nicht wenige von ihnen schlossen sich als Freiwillige dem islamischen Heer an.

---

27. Qur'ān, 2:256

So wurde in kürzester Zeit aus dem Stadtstaat von Medina ein Weltreich. Das war nur möglich, weil die Menschen in großer Zahl zum Islam kamen und sich viele als Freiwillige dem muslimischen Heer anschlossen.

Hätten sich die Muslime wie eine Besatzungsmacht aufgeführt, Blutvergießen angerichtet und versucht, den Menschen ihren Glauben aufzuzwingen oder unterschiedlos alles, was ihnen vor die Schwerter kam, egal ob Männer oder Frauen, niedergemetzelt, wäre ihnen wohl heftiger Widerstand entgegengeschlagen und diese Handvoll medinensischer Soldaten wäre kläglich gescheitert.

✻ ✻ ✻

Jerusalem

Im Jahr 614 n. Chr. besetzte ein sassanidisches[28] Heer die Stadt Jerusalem. Die Christen, ganz gleich ob Männer, Frauen oder

---

28. Die Sassaniden waren eine persische Herrscherdynastie.

Kinder, wurden getötet – einschließlich derer, die sich in die Kirchen geflüchtet hatten. Die Kirchen wurden zerstört und die Kathedrale auf dem Tempelberg wurde gebrandschatzt.

Im Jahr 638 n. Chr. umzingelte ein muslimisches Heer die Stadt Jerusalem. Die Stadt ergab sich ohne Widerstand dem Kalifen 'Umar – möge Allah mit ihm zufrieden sein. Die Menschen waren in panischer Angst, denn sie fürchteten ein erneutes Massaker wie jenes vor vierundzwanzig Jahren.

Doch der ehrwürdige Kalif 'Umar verkündete den Bewohnern Jerusalems, dass es jedem frei steht, nach seiner Religion, in seinem Glauben und mit seinem Gottesdienst zu leben. Niemand wird gezwungen den Islam anzunehmen. Die Kirchen, ebenso wie Leib und Leben, Besitz und Ehre eines jeden Bewohners der Stadt sind unverletzlich und stehen unter dem Schutz des Islam.

Gleichzeitig wurden die von Byzanz erhobenen hohen Steuern aufgehoben und stattdessen die wesentlich geringere *Jizyā* eingeführt.

Die Bevölkerung entwickelte innerhalb kurzer Zeit ein freundschaftliches Verhältnis zu den Angehörigen des muslimischen Heeres und begann, den Islam anzunehmen.

Im Jahr 1099 n. Chr. wurde Jerusalem von den Kreuzfahrern eingenommen. Die Kreuzfahrer töteten die in die Moscheen geflüchteten Muslime, ebenso die in die Synagogen geflüchteten Juden, wobei sie, ohne einen Unterschied zwischen Frauen, Männern, Kindern, Kranken oder Alten zu machen, ein Blutbad anrichteten, bei dem über 70.000 Menschen zum Opfer fielen. Auf den Straßen lagen Berge von Leichen, während das Blut in Strömen durch die Straßen floß.

Die ursprünglich von Papst Urban II. 1096 im Namen des Christentums begonnenen und von seinen Nachfolgern bis 1270 fortgeführten insgesamt acht Kreuzzüge erwiesen sich als die blutigsten Kriege der Menschheitsgeschichte. Sie richteten sich nicht nur gegen die Muslime, sondern gleichfalls gegen die Juden und die orthodoxen Christen. Die Kreuzzüge führten zur Verwüstung ganzer Landstriche und dem gewaltsamen Tod von Millionen von Menschen.

Istanbul

Im Jahr 1453 n. Chr., am Dienstag, den 29. Mai, begannen die osmanischen Truppen, nachdem sie das Morgengebet verrichtet hatten, von verschiedenen Seiten kommend, einen Generalangriff auf die Stadt Istanbul und drangen, Welle auf Welle, in die Stadt ein. Die Byzantiner, die fürchteten, den Schwertern der Angreifer zum Opfer zu fallen, liefen in Panik hin und her, und viele flüchteten sich schließlich mit ihren Kindern in die *Hagia Sofia*.

Sultan Muhammad al-Fātih bestieg gegen Mittag ein graues Roß und ritt, gemeinsam mit seinem spirituellen Meister, dem ehrwürdigen Scheikh Akschamsuddīn, und den Kommandeuren seines Heeres durch das *Topkapi* genannte Stadttor nach Istanbul ein und begab sich direkt zur *Hagia Sofia*. Die Kirche war voll von Männern, Frauen und Kindern der Byzantiner, von denen viele laut weinten und wehklagten. Dort angekommen, betete Sultan Muhammad al-Fātih zuerst zwei Gebetseinheiten, um Allah für seinen Sieg zu danken, dann wandte er sich der verzweifelten, ihn auf Knien anflehenden Menge zu und sprach: „Erhebt euch und weint nicht! Ihr seid frei, eure Religion und euren Gottesdienst auszuüben, und euer Leib und Leben sind sicher und garantiert!"

Cordoba

Im Jahr 1236 n. Chr.[29] griffen die Christen im Verlauf ihres Krieges zur Zerschlagung des Andalusischen Reiches die Stadt Cordoba an und drangen in die einstmals schönste und prächtigste Moschee der Welt ein. Die Christen ritten mit ihren Pferden in die Moschee hinein und schlachteten alle Muslime, die sich darin versteckt hatten, ab. Dann warfen sie die aus den Tagen des ehrwürdigen Kalifen 'Uthmān stammende Kopie des heiligen Koran, die dort aufbewahrt wurde, auf den Boden und trampelten darauf herum. Die muslimische und jüdische Bevölkerung Cordobas wurde mit dem Schwert gezwungen, zum Christentum zu konvertieren.

* * *

Der irische Schriftsteller George Bernhard Shaw sagte:

---

29. <u>Anm. d. Übersetzers:</u> Die hier beschriebenen Ereignisse um die Eroberung Cordobas fanden während der Einnahme der Stadt durch Ferdinand III. von Kastilien statt.

„Wenn es notwendig wäre, nur eine einzige Religion für diese Welt auszuwählen, dann wäre das mit Sicherheit der Islam. Der Islam ist die einzige Religion, die in der Lage ist, Antworten auf die Fragen aller Zeitalter zu geben. Ich sage voraus, dass die islamische Religion vom morgigen Europa akzeptiert werden wird!"

Liebe Leser!

Die Bibeln unserer Tage, die aus einer Mischung von Phantasien, Legenden und Augenzeugenberichten bestehen, sind ohne jeden Zweifel das Werk und die Worte von Menschen. Da sie die Menschen des heutigen Europa nicht zufrieden stellen können und denen von morgen erst recht keine Perspektive bieten, werden die Europäer – so Gott will – den Islam kennen lernen und zu Muslimen werden.

Die Grundlage jeder wahren Religion ist der Glaube an die Einheit Gottes – der Glaube daran, dass es keine Gottheit außer Allah gibt.

Aus dieser Perspektive betrachtet, besteht kein Unterschied zwischen denjenigen, die Allah einen Sohn beigesellen und jenen, die Götzenstatuen anbeten!

In früheren Zeiten hielten die Menschen die Sonne und den Mond für Gottheiten. Genau so wie heute niemand mehr solche Geschichten glaubt, hat auch die Legende, der Prophet Jesus – Allahs Friede sei auf ihm – sei der 'Sohn Gottes' und Allah habe seinen einzigen Sohn geopfert, um dadurch die Menschen von ihren Sünden zu befreien, jegliche Glaubwürdigkeit verwirkt. Denn so, wie aus einem Löwenjungen, wenn es heran wächst, ein Löwe wird, der seinem Vater gleicht, und wie aus dem Sohn eines Menschen ein Mensch wird, der seinem Vater gleicht, müßte ja auch der Prophet Jesus, wenn er der Sohn Gottes wäre, zu einem Gott werden (was vollkommen undenkbar und unmöglich ist!) Statt sich mit einer Handvoll Kinder Israels (Juden) auf diesem unbedeutenden, winzigen Planeten zu befassen – sein eigenes, aus Hunderten von Galaxien bestehendes, Universum erschaffen würde.

✳ ✳ ✳

Wir können nicht mehr tun, als all dies darzulegen – und die Rechtleitung ist von Allah!

www.tomorhoca.com